GUERRA ESPIRITUAL

ARMAS E ESTRATÉGIAS DE UM POVO MARCADO PARA VENCER

HERNANDES DIAS LOPES

Edição Revista e Atualizada

© 2008 por Hernandes Dias Lopes

1ª edição - abril de 2020
2ª reimpressão: fevereiro de 2023

REVISÃO
Josemar de S. Pinto
Letras Reformadas

DIAGRAMAÇÃO
Letras Reformadas

CAPA
Douglas Lucas

EDITOR
Aldo Menezes

COORDENADOR DE PRODUÇÃO
Mauro Terrengui

IMPRESSÃO E ACABAMENTO
Imprensa da Fé

As opiniões, as interpretações e os conceitos emitidos nesta obra são de responsabilidade do autor e não refletem necessariamente o ponto de vista da Hagnos.

Todos os direitos desta edição reservados à
EDITORA HAGNOS LTDA.
Rua Geraldo Flausino Gomes, 42, conj. 41
CEP 04575-060 — São Paulo, SP
Tel.: (11) 5990-3308

E-mail: hagnos@hagnos.com.br
Home page: www.hagnos.com.br

Dados Internacionais de Catalogação na Publicação (CIP)
Angélica Ilacqua CRB-8/7057

Lopes, Hernandes Dias
  Guerra espiritual: armas e estratégias de um povo marcado para vencer / Hernandes Dias Lopes. — Ed. rev. e ampl. — São Paulo: Hagnos 2020.

  ISBN 978-65-86109-00-9

  1. Batalha espiritual – Doutrina bíblica 2. Palavra de Deus (Teologia cristã) 3. Anticristo 4. Demônio 5. Messias I. Título

20-1513   CDD 248.4

Índices para catálogo sistemático:
1. Batalha espiritual - Vida cristã   248.4

SUMÁRIO

Prefácio 5
Introdução 7

1. A igreja em campo de guerra 11
2. Cavalaria do inferno 57
3. O dragão ataca a igreja 81
4. O diabo põe as unhas de fora: o anticristo ... 109
5. Recuperando o que o diabo tomou 123

Conclusão 153

PREFÁCIO

TENHO GRANDE ALEGRIA DE APRESENTAR aos nossos leitores o livro *Guerra espiritual: armas e estratégias de um povo marcado para vencer*. Esta obra trata de um assunto solene, omitido por uns, distorcido por outros, porém, necessário a todos. Minha expectativa é que este livro seja uma ferramenta útil nas mãos de Deus, para trazer esclarecimento a muitos e despertamento para a igreja de Deus em nossa pátria e além dela.

Vamos falar sobre batalha espiritual. Estudaremos sobre o nosso arqui-inimigo e suas hostes, armas e estratégias, seus ardis e investidas. Mostraremos, de igual modo, que cuidados precisamos ter, que armadura precisamos usar e de que armas devemos nos dispor.

Certamente não podemos entrar nessa guerra de cara limpa, confiados em nós mesmos. Essa luta não é carnal; é espiritual. Precisamos, portanto, de armas espirituais, poderosas em Deus para destruir fortalezas e anular sofismas. Precisamos de toda a armadura de Deus e sermos revestidos com o poder de dele. Precisamos vigiar e orar. Precisamos das armas de defesa e combate. Precisamos seguir as pegadas de Jesus, o nosso general.

Este livro não tem o propósito de ser exaustivo, mas prático. Oferece ao leitor um esboço, mas abre caminho para novas pesquisas e novos aprofundamentos. Minha esperança é que com este acervo, o leitor possa tomar conhecimento de sua posição em Cristo e de sua garantida vitória. Jesus, o nosso redentor, já venceu essa luta por nós. Ele já tirou a armadura do nosso inimigo e o expôs ao desprezo na cruz. Nós somos mais do que vencedores em Cristo Jesus. Já estamos assentados com ele nas regiões celestes acima de todo principado e potestade. Não precisamos temer o adversário. Precisamos nos sujeitar a Deus e resistir ao diabo, e ele fugirá de nós. Somos marcados para vencer!

HERNANDES DIAS LOPES

INTRODUÇÃO

O ASSUNTO ABORDADO NESTE LIVRO é um dos temas mais discutidos na atualidade. O homem moderno está obcecado pelo sobrenatural e ávido pelo místico. A demonologia é hoje um assunto debatido fartamente na igreja e fora dela. Livros e mais livros enchem as prateleiras das bibliotecas sobre esse assunto e são lidos com voracidade e sofreguidão pelas pessoas sedentas de conhecimento e experiência nesta área. Batalha espiritual foi a coqueluche da década de 1990 e ainda hoje está pauta da igreja brasileira. Muitos estudiosos estão debruçados sobre esse tema. Mas há também muitos aventureiros que mergulham no assunto criando não pouca confusão. Um batalhão de crentes está envolvido com guerra espiritual e com o ministério de libertação. Estamos vivendo o tempo de uma enorme ênfase nessa temática. Por um lado, isso é positivo, uma vez que a matéria é desarquivada, vasculhada, estudada, discutida e debatida sem contornos e preconceitos. Por outro lado, há um sério perigo: o de cair em muitos exageros, comprometendo, assim, a pureza doutrinária da igreja e a saúde espiritual e emocional dos crentes.

Nosso objetivo, ao tratar deste magno assunto, é fazer uma abordagem clara, objetiva, pertinente e bíblica sobre batalha espiritual, evidenciando quem é o nosso verdadeiro inimigo. Precisamos conhecer sua origem, sua malignidade, suas estratégias, suas armas e seus agentes. Nosso propósito principal é despertar a igreja para o fato de que somos um povo marcado para vencer. Não podemos viver de forma fracassada, fragilizados, acuados e amedrontados pelo inimigo. A igreja de Cristo é mais do que vencedora. Sua vitória nessa peleja espiritual contra o diabo e suas hostes é certa e segura.

A igreja entra nesse campo de guerra, juncado de terríveis inimigos, e enfrenta combates titânicos e sangrentos. Mas, revestida com toda a armadura de Deus, fortalecida com o seu o poder, seguindo o comando do seu general, Jesus Cristo, e usando as armas certas, ela sempre sai triunfante e vitoriosa da batalha. As portas do inferno jamais prevalecerão contra a igreja. Mesmo quando é perseguida e torturada pela fúria tresloucada do diabo e seus asseclas, ela vence gloriosamente. Os próprios mártires que tombaram em campo de guerra e morreram suportando suplícios horrendos venceram o diabo pela palavra do testemunho que deram, pois, em face da morte, amaram mais a Jesus do que a própria vida. Os mártires foram heróis e campeões que triunfaram sobre aqueles que lhes ceifaram a vida. Os filhos de Deus, mesmo morrendo, são vencedores. Mesmo quando saem do campo de guerra com as suas roupas manchadas de sangue, saem entoando o hino triunfal da vitória e desfraldando as bandeiras da mais excelsa e exaltada conquista.

Procuramos neste livro fazer uma análise expositiva de cinco textos bíblicos que tratam dessa matéria. O que brota destas páginas não são apenas deduções humanas ou lucubrações engendradas no laboratório do experiencialismo, mas conclusões extraídas da infalível Palavra de Deus e atestadas pela caminhada histórica da igreja ao longo dos séculos. É para a palavra que devemos olhar. A Bíblia deve ser sempre o nosso referencial. É nela, e não noutras fontes, que devemos fundamentar os nossos posicionamentos. Hoje, infelizmente, existem muitos pregadores ensinando sobre batalha espiritual baseados em revelações forâneas às Escrituras, dando inclusive nomes de demônios que a Bíblia não revela, nomes esses, muitas vezes, ditados pelo próprio diabo, que é o pai da mentira. Esse tipo de doutrinamento arrasta o povo de Deus para fora das Escrituras e cria uma geração de crentes místicos, supersticiosos e sem consistência doutrinária, facilmente enredados pelas sutilezas do inimigo. Precisamos voltar ao princípio da Reforma do *Sola Scriptura*. Precisamos imitar os crentes bereanos, que passavam tudo que ouviam pelo crivo da Palavra de Deus.

Meu mais ardente desejo é que as exposições bíblicas deste livro enriqueçam sua alma, fortifiquem sua fé e o encorajem a guerrear as guerras do Senhor, como um soldado que já foi marcado para vencer!

1

A IGREJA EM CAMPO DE GUERRA
(Efésios 6:10-18)

VIDA CRISTÃ NÃO É UMA DISNEYLÂNDIA, um parque de diversões, uma colônia de férias, mas campo de batalha. Não é uma estufa, onde vivemos blindados, mas uma arena de constantes conflitos. Quem não é um guerreiro é uma vítima. Nessa luta ninguém pode ficar neutro. Essa guerra é espiritual. Ela é uma conflagração universal. Nela não existe o cessar-fogo. Não há trégua nem pausa. Ensarilhar as armas, retroceder ou deixar de vigiar são perigos mortais. Por isso convoco você para entrar nessa peleja e examinar esse assunto à luz da Palavra de Deus.

Quanto a essa matéria, há dois perigos, dois extremos, ambos nocivos à vida da igreja:

1. *Subestimar o inimigo.* Hoje, muitas pessoas incautas negam a existência do diabo, desconhecem seu poder, suas armas, seus agentes e suas estratégias. Acham que o diabo é apenas uma energia negativa que está dentro do próprio homem ou um ser mítico que apenas existe na mente fraca

daqueles que não alcançaram a plena luz da razão. Defender essa tese é cair nas teias desse ardiloso e vetusto inimigo. O diabo é mais perigoso em sua astúcia do que em sua força. O sibilo da serpente é mais perigoso do que o rugido do leão. Faz parte do seu jogo ocultar sua identidade. A negação do diabo é a expressão mais escandalosa do satanismo. Por isso, aqueles que engrossam as fileiras dessa corrente de pensamento são fragorosamente derrotados nessa batalha espiritual, visto que não conhecem o adversário e nem mesmo acreditam na sua existência e ação. Eva foi enganada no Éden porque subestimou o poder do diabo. Davi fez um recenseamento das tropas de Israel, deslocando sua confiança de Deus para o poder do seu exército porque o diabo o enganou. Ananias e Safira foram enganados pelo diabo e por isso, se renderam à sede de prestígio. Ainda hoje, muitas ações, debaixo dos holofotes ou nos subterrâneos mais obscuros da maldade são motivadas pela ação desse inimigo que trabalha na surdina.

2. *Superestimar o inimigo.* Há aqueles que falam mais do diabo do que de Deus. Falam tanto do seu poder, de suas armas e estratégias, que subestimam o poder de Deus. Fazem do diabo o protagonista de

quase todas as ações. Uma dor de cabeça que a pessoa sente, facilmente resolvida por uma aspirina, atribui-se ao poder do diabo. O pneu do carro que fura no trânsito, atribui-se à ação do inimigo. Uma explosão temperamental que machuca as pessoas à sua volta, fruto da falta de domínio próprio, coloca-se na conta do diabo. Uma paixão explosiva, um adultério, uma vida rendida à impureza, obras da carne, atribuem-se ao maligno. O homem dessa cosmovisão teológica não é mais responsável por nada de errado que comete. Essa visão é uma espécie de Freudianismo evangélico, em que o culpado é sempre o outro. Essa posição leva as pessoas a viverem tão preocupadas com o diabo que se esquecem de andar prazerosamente com Deus. Além desse aspecto, essa distorção teológica faz uma grande confusão entre o que é ação do diabo e obras da carne, pois hoje é muito comum ouvir falar sobre o demônio do adultério, do furto, do homicídio, da mentira, da ganância, da pobreza e da morte. Assim, a necessidade do homem não é de arrependimento, mas de libertação dessas hostes demoníacas. É por isso que tantas igrejas fazem do exorcismo a sua grande bandeira em vez de pregar o evangelho da salvação. O homem deixa de ser culpado, deixa de ter responsabilidade diante de Deus. Ele é apenas uma vítima. Toda a culpa recai sobre o diabo. Essa distorção doutrinária é uma arma sutil que o diabo tem usado para distrair a igreja e desviar sua atenção do Deus vivo. Por isso, afirmo que superestimar o inimigo é um perigo e uma ameaça à igreja.

Dito isso à guisa de introdução, precisamos perguntar: contra quem é a nossa luta? Em primeiro lugar, precisamos entender **contra quem *não* é a nossa luta**: *A nossa luta não é contra o sangue e a carne* (Efésios 6:12), ou seja, a nossa luta não é contra pessoas. Muitas vezes o povo de Deus sofre terrivelmente por não entender contra quem está lutando. Seria uma tragédia um soldado sair para a batalha, de armas em punho e com muita disposição para a luta, mas sem saber contra quem lutar. É um grande perigo alguém detonar suas armas sem ter um alvo certo. Há muitos crentes que estão entrando na batalha, mas estão ferindo os próprios irmãos. Estão atingindo com os seus torpedos os próprios aliados em vez de bombardear o arraial do inimigo. Estão fazendo do inimigo aliado e do aliado inimigo. Muitas vezes achamos que o nosso problema é o fulano ou o sicrano. Se não falamos, pelo menos pensamos: o problema da nossa igreja é a pessoa tal ou a família tal. Mas isso é um equívoco. A nossa luta não é contra carne ou sangue. Se compreendêssemos essa verdade, muitas guerras santas deixariam de existir dentro da igreja; muitas brigas, disputas e querelas cessariam. Quando abrimos fogo contra uma pessoa, estamos fazendo o jogo do nosso verdadeiro adversário e servindo aos seus perversos propósitos.

Há muitos crentes feridos dentro da igreja e, feridos pelos próprios irmãos. Existe muita mágoa não tratada e não resolvida no arraial evangélico. Há líderes despóticos. Existem pastores dominadores do rebanho. Há crentes que gastam toda a sua energia para criticar os domésticos da fé em vez de batalhar, diligentemente, *pela fé que uma vez por todas foi entregue aos santos* (Judas 3).

Em segundo lugar, precisamos saber **contra quem é a nossa luta**. Em Efésios 6:11 Paulo diz que precisamos estar firmes contra as ciladas do diabo. Ele é o nosso inimigo. Contra ele é que devemos lutar. Quem é esse personagem? Quais são as suas armas? Quais são as suas estratégias? Quais são os seus agentes? A Bíblia atribui diversos nomes a esse terrível ser, totalmente corrompido e mau: Satanás, diabo, *Abadom*, *Apoliom*, antiga serpente, dragão, assassino, pai da mentira, tentador, maligno, acusador, adversário, deus deste século, príncipe da potestade do ar, Belzebu, demônio, espírito imundo etc. Por esses nomes dá para perceber que ele tem um vasto currículo que mete medo. Contudo, esse anjo caído, corrompido, está sem armadura

(Lucas 11:20-22), já foi vencido e despojado por Cristo (Colossenses 2:12-15) e não tem poder para destruir aqueles que estão em Deus (1João 5:18). Em Efésios 6:12 Paulo diz que o diabo, mesmo não sendo onipresente, onisciente e onipotente, tem seus agentes espalhados por toda parte, e esses seres caídos estão a seu serviço para guerrear contra nós, povo de Deus. Aqui precisamos fazer algumas considerações:

1. O reino das trevas possui uma organização. O diabo não é tão tolo a ponto de não ser organizado. É o que podemos chamar de "a ordem da desordem".
2. Existe uma estratificação de poder no reino das trevas. Paulo fala de principados, potestades, dominadores deste mundo tenebroso e forças espirituais do mal. Existe uma cadeia de comando. Existem cabeças e subalternos. Líderes e liderados. Quem manda e quem obedece. Jesus disse que há diversificação de poderes no reino das trevas. Ele disse para os seus discípulos que há determinadas castas de demônios que só batem em retirada com oração e jejum (Marcos 9:28,29). Com isso queria dizer que há demônios e demônios.
3. Toda essa estrutura foi montada com o objetivo de guerrear contra a igreja. A nossa luta é contra essas hostes. Esses demônios

não dormem, não descansam, não tiram férias. Agem 24 horas por dia, sem intermitência. Eles têm um alvo, uma bandeira, fazer guerra contra os santos de Deus. Planejam, arquitetam estratégias e criam ciladas de todas as formas para derrubar os filhos de Deus. Investigam a vida dos santos. Eles, como detetives invisíveis, acompanham as nossas pegadas da mesma forma que o diabo, ao rodear a terra e passear por ela, acompanhava os passos de Jó (Jó 1:7). Conhecem os nossos pontos vulneráveis, o nosso calcanhar de Aquiles. Usam para cada pessoa um método diferente. A palavra grega para cilada é *metodeia*, que significa método, estratagema. Para cada pessoa eles empregam estratagemas diferenciados. Eles não massificam as estratégias. Ousam mudar os métodos. Historicamente, sexo, dinheiro e poder são as áreas mais vulneráveis do homem. Mais pessoas têm caído por um ou mais desses motivos do que por qualquer outro. Precisamos nos acautelar.

AS ESTRATÉGIAS DO DIABO

Efésios 6:11 nos fala que o diabo usa ciladas. Aqui precisamos entender algo muito importante: o diabo não precisa usar cilada para quem já é dele.

Vamos ilustrar. Há um quadro muito famoso que circula no meio evangélico como ornamento de templos e casas, chamado *Os dois caminhos*. Esse quadro retrata a realidade do céu e do inferno. O caminho largo que conduz ao inferno e o caminho estreito que leva ao céu. Mas, observando-o mais atentamente, percebo nele um grave erro: é que ele mostra um grupo de pessoas que está antes dos dois caminhos, ou seja, um grupo que não está nem no caminho largo nem no estreito, como se fosse possível ficar neutro ou à parte desses dois caminhos. Isso não é possível. Você está no caminho estreito ou no caminho largo. Não pode estar neutro nessa questão. Você está salvo ou perdido, indo para o céu ou indo para o inferno. Não há meio-termo. Quem não está nas mãos de Jesus está nas mãos do diabo, quem não está debaixo do governo de Cristo está cativo pelo diabo, quem não pertence ao reino de Deus está no reino das trevas, quem não está debaixo do senhorio de Cristo está vivendo na potestade de Satanás.

É isso que Paulo diz em Atos 26:18, pois conversão é uma pessoa sair de debaixo da potestade de Satanás para sujeitar-se a Deus. O apóstolo ensina o mesmo em Colossenses 1:13, quando afirma que a nossa salvação é como ser *transportado do império das trevas para o reino da luz*. Ninguém está aquém desses dois caminhos. Você está em um ou noutro. O homem já nasce no caminho largo e, desse modo, precisa nascer de novo para entrar no caminho estreito. Para andar no caminho largo, o homem não precisa fazer nada. Ele já nasce nesse caminho e anda por ele até passar pela experiência do novo nascimento. Então, ele sai do caminho largo para o caminho estreito. Assim, é preciso entender que o diabo não precisa usar cilada para quem já está no caminho largo. Ele só usa cilada para quem já está fora do seu domínio. Você não precisa usar laço para apanhar um pássaro que está preso em uma gaiola. Do mesmo modo, o diabo não precisa usar laço para quem já está em suas mãos. Você pode comprovar isso pelo ensino das Escrituras: Jesus disse em Lucas 11:20-22 que o diabo tem uma casa bem guardada e todos os seus bens estão em segurança. Que bens são esses que estão na casa do valente (o diabo) e estão guardados em segurança? São as pessoas que ainda não nasceram de novo. São todos aqueles que ainda estão sob o seu domínio, sua potestade, fazendo parte do reino das trevas, andando no caminho largo.

Agora, precisamos entender que, se estamos numa guerra (e estamos), o adversário vai escalar suas tropas mais aguerridas e usar suas armas mais poderosas exatamente contra aqueles que lhe oferecem resistência e podem ameaçar seu reino. Não são nos prostíbulos, nos botequins, nos cassinos, nas boates, nem no cinema que exibe filmes pornográficos que o diabo usa suas ciladas mais perigosas, mas exatamente no meio do povo que resiste a ele e tem poder de guerrear contra ele e vencê-lo. Sendo assim, precisamos conhecer quais são as suas estratégias mais comuns e suas ciladas mais perigosas. O diabo se torna muito mais perigoso quando vem disfarçado de *anjo de luz* (2Coríntios 11:14) Suas manifestações mais desastrosas são quando ele vem com voz aveludada, com encantos raros, fazendo belas apologias em nossa defesa como fez com Eva no Éden. Ele é um lobo, mas às vezes entra no meio do rebanho de Cristo disfarçado de ovelha. Por vezes, ruge como leão, mas é também sutil como a serpente. Entre as histórias das *Mil e uma noites* encontramos a de Simbá nos mares da Índia. Enorme rocha magnética destacava-se no meio das águas tranquilas com aspecto inocente, sem oferecer perigo. Mas quando o navio de Simbá se aproximou dela, a poderosa força magnética, de que estava impregnada a rocha, arrancou todos os pregos e cavilhas que mantinham unida a estrutura do barco. Desfeito em pedaços, condenou à morte os que nele viajavam. As forças do mal continuam em ação. Precisamos estar atentos para identificá-las, do contrário sofreremos sérios danos. Vejamos, então, quais são as principais estratégias que o inimigo usa contra o povo de Deus.

1. Sirva a Deus sem sair do Egito

Um dos livros mais importantes sobre batalha espiritual é o de Êxodo. Nele encontramos as forças do mal conspirando contra o povo de Deus. O faraó é um símbolo do nosso arqui-inimigo. Quando

Moisés foi a ele, pedindo-lhe que deixasse o povo ir, o faraó, ardilosamente, usou de astúcia para reter o povo no Egito. A primeira proposta sedutora que fez a Moisés foi para que o povo servisse a Deus no Egito mesmo (Êxodo 8:25). O faraó queria que o povo servisse a Deus no cativeiro. Egito é símbolo do mundo e da escravidão ao pecado. A proposta do faraó era que o povo conciliasse culto, adoração, serviço a Deus com a permanência no cativeiro, com a vida acorrentada ao pecado. Esse é um grande laço. Essa é uma perigosíssima armadilha.

Há muitos crentes que vão ao culto todos os domingos, cantam, oram, leem a Bíblia, entregam o dízimo, trabalham na igreja, exercem cargo de liderança, mas estão vivendo ao mesmo tempo na prática de pecados, estão com o pescoço na coleira do diabo, tentando agradar a Deus vivendo no mundo. A Bíblia diz que *o amor do Pai* não está naquele que ama o mundo (1João 2:15). *Quem é amigo do mundo constitui-se inimigo de Deus* (Tiago 4:4). A Palavra de Deus diz que não podemos conformar-nos *com este mundo* (Romanos 12:2). Veja que o diabo não se preocupa com o fato de o povo servir a Deus, prestar culto a ele, desde que esse povo se mantenha no Egito sob o seu domínio. Crentes mundanos não oferecem a mínima preocupação ao diabo.

Eu estava certa feita pregando em uma grande igreja brasileira, quando o pastor de lá, ansioso e aflito, compartilhou que a mocidade da sua igreja havia dançado a noite toda do sábado anterior, por ocasião da inauguração de uma boate na cidade. Ele acrescentou que no domingo bem cedo, porém, todos estavam na igreja cantando hinos de louvor a Deus, orando como se nada tivesse acontecido. Eles não viam nenhum problema no fato de servir a Deus no Egito. É importante ressaltar que Deus está mais interessado no que somos do que no que fazemos. Deus não está procurando adoração, mas adoradores que o adorem em espírito e em verdade. Deus não se compraz em sacrifícios, mas em obediência. Ele quer vida, santidade e consagração, e não apenas religiosidade.

Em outra ocasião, após ministrar a palavra em uma conceituada igreja, um grupo de jovens levou-me ao gabinete pastoral e disse-me: "Nós não podemos aceitar esse tipo de pregação em nossos dias. O senhor é muito radical. Somos jovens modernos, de mente arejada. Somos universitários e não podemos aceitar essas exigências em nossos dias. Precisamos curtir a vida, aproveitar o mundo e banquetear o nosso coração com os manjares apetitosos que nos são oferecidos. Precisamos ir para os bares, para as boates, tomar o nosso chope, dançar e nos divertir. Precisamos aliviar as grandes tensões que temos sobre nós. Aos domingos, participamos do culto, ouvimos a mensagem e cantamos as nossas músicas para Deus. Isso não basta?" Fiquei muito triste ao ouvir aquelas palavras e disse para aqueles jovens que Deus não estava interessado nesse tipo de culto, em que a vida dos adoradores não é reta diante dele. Deus não aceita nosso louvor e nossa adoração se estamos com o coração atrelado ao mundo. Deus rejeitou o culto de Caim porque primeiro rejeitou a sua vida. Se Deus não aceita a nossa vida, ele não recebe o nosso culto. Se o nosso coração está se deleitando nos manjares do pecado, os altares que levantamos para Deus são inúteis, pois caímos nesse laço do diabo. Moisés rejeitou peremptoriamente essa proposta do faraó. A terra prometida, e não o Egito, era o destino deles. Liberdade e não escravidão era a vocação deles. De igual forma, precisamos nos desmamar do mundo e romper com seus grilhões se queremos adorar a Deus.

2. Saia do Egito, mas fique por perto

A outra proposta do faraó a Moisés foi: pode levar o povo para servir a Deus, mas não vá muito longe (Êxodo 8:28). Essa cilada é muito sutil e perigosa. Há muitos crentes debilitados, neutralizados e infrutíferos, vitimados por essa armadilha do inferno. Pessoas que já saíram do Egito, já romperam com a escravidão do pecado, já deixaram para trás os vícios, já abandonaram toda sorte de cabresto, mas, em vez de fazerem um rompimento radical, ficam curtindo um saudosismo da velha vida, ficam flertando com o pecado, namorando a tentação, vivendo em campo minado, nas regiões de perigo. São crentes que têm medo de uma consagração profunda; são crentes que servem a Deus, mas ainda não se libertaram totalmente dos encantos do Egito. Há algumas pessoas que têm medo de se tornarem radicais e fanáticas, por isso preferem viver uma vida vazia, oca e estéril. Há outras que gostam de ficar perto do Egito e dizem, com ar de superioridade, que conhecem bem os seus limites e sabem a hora certa de parar. Esse é um laço que tem derrubado muitos crentes. Na verdade você não conhece os seus limites. Andar em terreno escorregadio é perigoso. Certa vez uma jovem muito bonita, líder em sua igreja, disse-me com lágrimas: "Eu caí, estou no fundo do poço, porque sempre pensei que sabia os meus limites. Minha vida está arruinada. Minha reputação, acabada. Tudo porque vivi flertando com o pecado, e ele me dominou e me destruiu". Eva caiu porque estava no lugar errado, perto da árvore cujos frutos Deus a proibira de comer, conversando com a pessoa errada, sobre o assunto errado e com a motivação errada. O diabo vai fazer de tudo para mantê-lo perto do Egito, mostrando-lhe todos os brilhos multicores e policromáticos do pecado. Ele vai encher os seus olhos com as atrações mais encantadoras. A única coisa que ele não lhe mostrará é o salário do pecado, a morte. Ele não quer vê-lo saindo do Egito com determinação para assumir um compromisso de andar com Deus em novidade de vida.

A essa proposta Moisés também rejeitou com convicção inabalável. A saída do Egito era definitiva. Saíram e cortaram as pontes. Não tem mais volta. É só daqui para frente. Ninguém que põe a mão no arado e olha para trás é apto para o reino de Deus. Aqueles que têm o coração dividido não podem servir a Deus.

3. Saia do Egito, mas deixe os seus filhos

Em outra proposta feita a Moisés, o faraó até permitiria que o povo saísse, desde que as crianças e os jovens ficassem no Egito. Esse é um laço mortal para a família. O que o diabo quer é dividir a família e arrebentar com ela. Ele é ladrão. Ele veio para roubar, matar e destruir. Ele quer dividir a família, rasgá-la ao meio, gerando nela a divisão, a contenda e o conflito espiritual.

O que mais perturba o diabo é ver a família unida, servindo a Deus. Ele não gosta de ver lares no altar de Deus. Ele emprega todos os seus métodos e esforços para atacar a unidade da família. Veja essa cilada do diabo configurada na proposta do faraó a Moisés em Êxodo 10:10,11. O diabo abre mão das pessoas maduras, vividas, desde que possa investir nas crianças e nos jovens, retendo-os no Egito. É importante ressaltar que esse laço tem mantido muitos crentes presos.

Hoje há uma orquestração concentrada para aprisionar os jovens e as crianças. O diabo emprega todas as suas armas e utiliza todo o seu terrível arsenal para torpedear a família, visando atingir principalmente os jovens e as crianças. A grande mídia tem feito um alto investimento oferecendo entretenimento, jogos, sexo, álcool, prazeres para alcançar os jovens e as crianças. Os programas infantis na televisão brasileira estão eivados de ocultismo e de conceitos pagãos. Há um esforço concentrado do inferno para banir da mente da criança a ideia de Deus.

Não poucas vezes os pais crentes não se apercebem da terrível batalha que se trava no reino espiritual, objetivando atacar os seus filhos. As crianças, hoje, recebem uma carga de imagens e sons com excesso de violência e apelo sexual, numa verdadeira agressão à sua faixa etária. A ideologia de gênero é ensinada hoje na televisão e nas escolas. Querem destruir os fundamentos levantados por Deus. Pretendem desfigurar a ideia de família, como instituída por Deus. Desejam acabar com os valores absolutos estabelecidos por Deus. Os efeitos dessa ação maligna são extremamente nocivos para a saúde emocional, psicológica e espiritual dessas crianças.

Em muitos lares cristãos os filhos assentam-se não mais para ouvir as belas histórias bíblicas, não mais para escutar sobre os poderosos feitos de Deus, não mais para ouvir a gloriosa história da redenção, mas matriculam-se na escola do relativismo moral e da violência, na qual recebem toda sorte de perversidades morais (isso tudo com rigorosa assiduidade). Esses filhos cedo aprendem a falar palavras torpes, a resistir à autoridade dos pais, tornando-se crianças indóceis e irreverentes. E o que não dizer também do assédio sobre os jovens? O laço das drogas e a armadilha de uma música comprometida com ocultismo e satanismo vão minando os alicerces espirituais e desbarrancando toda comunhão que eles têm com Deus. É o apelo sexual que os empurra para uma vida impura, desregrada e sem freios. Muitos jovens, que outrora andavam com Deus, estão desfibrados, fisgados pelo pecado, envergonhados, esmagados pelo sentimento de culpa, completamente despojados daquela alegria que os marcava quando estavam na casa de Deus. Agora vivem num mundo de desilusão, sem paz, sem liberdade, sem amparo, longe da Casa do Pai, passando necessidade, cobertos de andrajos, de trapos, porque foram seduzidos e enganados pelo diabo. Desejaram o Egito, permaneceram no Egito. E no Egito só olharam para as panelas de carne, para os alhos, para os pepinos, para as cebolas, mas esqueceram-se da escravidão, dos açoites, do opróbrio, da opressão esmagadora, do trabalho forçado.

Há muitos jovens dizendo que o lugar deles é no Egito mesmo. Pensam que o jovem precisa divertir-se, usufruir os prazeres da vida e deleitar--se nos lautos banquetes que o mundo oferece. Mas os prazeres do mundo são passageiros e enganadores. O prazer que o mundo oferece, no final, tem um gosto amargo. A alegria do mundo produz, no final, dor. O pecado não compensa. A alegria que o pecado traz é, no fim, pura tristeza e vergonha. O pecado é uma fraude. O diabo é um estelionatário. Ele oferece prazer e dá desgosto. Ele promete diversão e dá frustração. Ele promete vida e dá a morte. O lugar de o jovem curtir a vida, desfrutá-la, não é no Egito, não é no mundo, mas no altar de Deus. Só na presença de Deus há plenitude de alegria. Um dia nos átrios de Deus vale mais do que mil dias nas tendas da perversidade.

4. Saia do Egito, mas deixe o dinheiro

Quando o faraó percebeu a determinação de Moisés de não deixar no Egito os jovens e as crianças, ele deu a sua última cartada: propôs a Moisés que o povo saísse do Egito, mas deixasse seus rebanhos. Em outras palavras, o faraó estava dizendo: vocês servem a Deus, mas o dinheiro de vocês serve ao Egito. Esse é um laço que tem derrubado muitos crentes. Há crentes que converteram o coração, mas ainda não converteram o bolso. Há crentes que têm o coração não nos tesouros do céu, onde os ladrões não escavam nem roubam, mas nos tesouros da terra. Há crentes que põem o coração nas riquezas e não consagram seus bens a Deus e ao serviço dele. Pior do que isso é o fato de muitos crentes, além de não colocarem seus bens no altar, a serviço de Deus, ainda tomarem à força, acintosamente, a parte que pertence a ele, sonegando os dízimos. O dízimo não é nosso; é de Deus. Ele é santo ao Senhor (Levítico 27:30). Retê-lo é roubo (Malaquias 3:8). Sonegá-lo é infidelidade. Não entregar o dízimo é uma apropriação indébita, é ficar com um dinheiro que não nos pertence. Ninguém dá o dízimo. Dízimo é dívida. Nós pagamos o dízimo. Entregamo-lo. Deixar de entregá-lo na Casa do Tesouro é roubar de Deus (no hebraico, *assaltar*). A Palavra de Deus diz em Malaquias 3:8,9 que reter o dízimo traz sobre nós uma tremenda *maldição* da parte do próprio Deus. Isso porque Deus, sendo santo e justo, não poderia premiar a infidelidade. O pecado e a desobediência atraem maldição e juízo. Muitos crentes sonegam o dízimo e dizem: eu não entrego porque não sobra. Mas dízimo não é sobra; são as primícias. Deus não aceita sobras. Ele quer as primícias de toda a nossa renda (Provérbios 3:9). Não há como desviar essa maldição se o crente permanecer na infidelidade. Essa maldição não se quebra com palavras, com orações ou com jejum. Ela só pode ser quebrada quando o crente enfiar a mão no bolso e devolver com fidelidade o que é de Deus. Aí, então, em vez de maldição, virão bênçãos sem medida, as janelas do céu serão abertas, o devorador será repreendido por nossa causa, e as pessoas ao nosso redor testificarão a bênção do Senhor em nossa vida (Malaquias 3:8-12). Tudo o que somos e temos precisa estar a serviço de Deus. Foi assim que Moisés entendeu e foi assim que ele disse ao faraó: nem uma unha ficará no Egito (Êxodo 10:26). Para Moisés, servir a Deus exige um rompimento total com o mundo. Não podemos deixar nada para trás. Não podemos servir a Deus com o coração dividido. Nosso Deus merece o melhor. Merece tudo o que somos e temos. Tudo deve estar no seu altar a seu serviço.

5. Pressão

Outra cilada que o diabo usa para derrubar o povo de Deus é a pressão. Vemos isso em Efésios 6:13. Paulo fala aqui do *dia mau*. Que dia é esse? Será que existe dia mau e dia bom? Precisamos entender esse princípio. Estamos falando em guerra. Nem sempre é sábia a estratégia de avançar. Às vezes o comandante de uma tropa recua seus soldados, reformula suas estratégias, dando a impressão ao adversário de que está desistindo da luta. E quando esse adversário estiver desatento, então se faz um combate rápido, intenso, ostensivo e implacável. Não são diferentes as estratégias do diabo. Ele nos cerca 24 horas por dia como um leão que ruge tentando nos devorar. Ele acompanha nossos passos como um detetive. Espiona-nos, ouve nossas palavras, observa nossas atitudes e muitas vezes nos dá uma aparente trégua. Chegamos a pensar que a vida cristã é algo suave, sem batalha. Então, abaixamos a guarda, ensarilhamos as armas e ficamos desatentos. Muitos até tiram férias de Deus. Não leem mais a Bíblia, não oram, só vão à Casa de Deus esporadicamente. Tudo está indo tão bem que nem sentem necessidade de buscar a Deus. Mas esses pobres crentes nem sabem que existe uma batalha no ar, uma conspiração contra a vida deles. Quando menos percebem, no reino espiritual invisível há uma ordem da parte de seres malignos para os atacarem com artilharia pesada, com todo o rigor. Então, de repente, o crente acorda de manhã mal-humorado, sai de casa brigando com a esposa, gritando com os filhos, xingando os vizinhos. No trânsito recebe uma fechada e logo discute com o outro motorista. Chega ao trabalho atrasado e recebe uma bronca do patrão. Passa o dia atribulado. Parece que uma nuvem escura está pairando sobre a sua cabeça. Parece que o mundo está desabando sobre a sua vida.

Outras vezes, são situações amargas que o assaltam, como um acidente, uma enfermidade, um prejuízo financeiro, uma decepção com alguém muito achegado. Se nessas horas não tivermos discernimento, vamos começar a lutar contra carne e sangue, a guerrear contra pessoas. Precisamos entender que esse é o dia mau, é o dia do cerco, do entrincheiramento do inimigo. Não adianta usar armas carnais. Trata-se de uma batalha espiritual. Trata-se de uma cilada do diabo para nos derrubar. É importante combatê-lo com as armas espirituais, que são poderosas em Deus para anular sofismas e destruir fortalezas e vencê-lo em nome de Jesus.

6. Perseverança

Ainda em Efésios 6:13 há outra cilada que o diabo usa para atingir o povo de Deus: é a sua teimosa perseverança. O apóstolo Paulo diz que, depois de vencermos tudo, não devemos tirar férias e abandonar as armas, mas permanecer *inabaláveis*. Depois de vencermos um *round* da luta, a batalha continua. O diabo não desiste de lutar. Ele é perseverante no seu ataque e nos seus ardis. Foi assim com Jesus no deserto. O diabo o tentou durante quarenta dias, mas foi vencido por Cristo. Então o deixou até momento oportuno (Lucas 4:13).

O diabo voltou em outras ocasiões, com outros métodos, usando pessoas para tentarem a Cristo. Ele tem um arsenal variado. Para cada situação ele tem um laço diferente. Ele é um estrategista. Jesus discerniu suas ciladas em todas as situações e derrotou-o em todas as suas investidas. Todavia, vemos alguns filhos de Deus que foram vencidos por essa perseverança do diabo. Sansão caiu nas mãos dos filisteus porque Dalila usou essa arma da sedução perseverante. Ele não caiu da primeira vez. Ele se saiu bem da segunda vez. Ele escapou da terceira vez. Mas na quarta seus pés ficaram presos no laço, e ele foi derrotado e humilhado. Há crentes que brincam com o pecado e se deixam seduzir por essa artimanha do maligno. Você não pode viver hoje com os lauréis da vitória do passado. Ontem você subiu ao pódio e colheu vitória esplendorosa, mas hoje, se não vigiar, pode sofrer uma derrota humilhante. Davi matou um leão, triunfou sobre um urso, matou um gigante, venceu exércitos, conquistou glórias e fama, mas deixou de vigiar um minuto e caiu vergonhosamente no pecado (2Samuel 11). O segredo da liberdade é a constante vigilância. Nosso adversário não dorme nem tira férias. Precisamos estar atentos a todo instante, pois a luta continua enquanto aqui vivermos.

7. Interferências do diabo na vida do povo de Deus

Há muitos crentes que são ingênuos quanto ao conhecimento dessa matéria. Pensam que o diabo é um ser totalmente inofensivo, um leão desdentado ou uma serpente sem veneno. Há outros que acham que o diabo jamais pode oferecer qualquer ameaça ou perigo para o crente. Alguns pensam que a igreja está incólume a todo ataque do adversário. Certa feita um presbítero me disse que o diabo tinha medo dele, não passava perto da sua casa, nem podia ter acesso à sua igreja. Essa visão romântica e irreal traz sérios prejuízos para o crente. Quero aqui listar algumas interferências de graves consequências que o diabo realiza no meio do povo de Deus:

Ele furta a palavra dos corações

Jesus contou a parábola do semeador que saiu a semear (Mateus 13:1-23). Parte da semente caiu à beira do caminho, outra parte no solo rochoso, outra no meio do espinheiro e outra parte caiu em boa terra. A semente que caiu à beira do caminho foi pisada pelos homens e comida pelas aves do céu (Lucas 8:5). Jesus, interpretando a parábola, disse que essas aves simbolizam o diabo, o qual vem e arrebata a palavra do coração para que a pessoa não creia nem seja salva (Lucas 8:12). Pois bem, precisamos entender algumas coisas aqui:

1. O diabo entra nos lugares sagrados, seja no templo, seja nas casas, seja nas praças, em qualquer lugar onde o evangelho está sendo anunciado para roubar essa semente dos corações.
2. No ato da pregação precisamos ter consciência de que se trava uma luta espiritual, pois o diabo sugestiona alguns ouvintes a não darem crédito à pregação.
3. O diabo logra êxito na vida de muitos ouvintes que, a despeito de ouvirem a Palavra de Deus, não a acolhem.
4. O diabo rouba a semente que foi pisada pelos homens. Antônio Vieira, o grande tribuno sacro de Portugal, dizia que a semente que o diabo tem pressa em comer é a que os homens pisam. Aquela mensagem que fere o coração, que revela ao homem sua indignidade e a hediondez do seu pecado, que mostra a necessidade urgente de seu arrependimento e a inevitabilidade

do juízo, essa é a mensagem que o homem pisa, pois ela golpeia o seu orgulho e o humilha até o pó. Dessa mensagem o diabo tem medo e faz de tudo para furtá-la do coração do homem. Mas aquela mensagem que apenas acaricia o orgulho do homem e não lhe revela o seu pecado nem exige seu arrependimento, aquela mensagem que leva o ouvinte a ficar feliz consigo mesmo e sorridente para o pregador, o diabo não tem pressa de roubá-la, pois ela já é ineficaz e estéril.

Ele semeia joio no meio do trigo

Jesus disse que, enquanto os filhos do reino estavam dormindo, veio o diabo e semeou o joio, filhos do maligno, no meio do trigal de Deus, a igreja (Mateus 13:24-30,36-43). Perceba que o diabo age aqui não de fora para dentro, mas de dentro para fora. Agora ele colocou os seus agentes dentro da igreja. Gente com aparência de crente, com nome de crente, usando jargões de crente, mas filha do maligno. Estão vestidos de ovelhas, mas por dentro são lobos. O que é mais sério é que não conseguimos identificar com total clareza quem são esses embusteiros até que venha o *dia do juízo* (Mateus 13:30). Até lá eles estarão resistindo, opondo-se, trabalhando para o diabo dentro da igreja, servindo aos interesses do reino das trevas dentro das comunidades evangélicas. Muitos dentre eles podem ocupar posição de destaque na igreja, como Judas Iscariotes. Podem ter ministérios espetaculares, como profetizar, fazer milagres e expulsar demônios, mas a vida deles nunca foi transformada (Mateus 7:21-23). Nunca deixaram de ser filhos do maligno. Estão na igreja, são membros da igreja, mas pertencem ao reino das trevas, são filhos do diabo. Agora, preste atenção ao fato de que o diabo semeou seus filhos no meio da igreja porque esta estava dormindo, ou seja, não estava vigiando. Enquanto a igreja dorme, o diabo trabalha e atrapalha a ação do povo de Deus.

Ele entra no templo e sobe ao púlpito para se opor ao pregador

No livro de Zacarias, capítulo 3, o profeta relata uma visão que teve do sumo sacerdote Josué. Ao entrar no templo para ministrar diante do anjo do Senhor e pôr-se de pé para falar, Josué é confrontado e ladeado à direita por Satanás (e não apenas por um demônio inferior). Por que tamanha ousadia de Satanás? É que o sumo sacerdote Josué estava trajando vestes sujas, símbolo de impureza e pecado em sua vida. Todas as vezes que um obreiro ou um pregador sobe ao púlpito para pregar, se sua vida estiver compactuada com o pecado, envolvida com a impureza, Satanás se opõe a ele, desacreditando-o. A pregação da palavra é um trabalho muito solene. Nenhuma pessoa deveria fazê-lo relaxadamente, irrefletidamente. Fazer a obra de Deus com a vida contaminada pelo pecado é o mesmo que um médico operar com as mãos sujas. Subir ao púlpito, lecionar uma lição bíblica na Escola Dominical, ministrar louvor na casa de Deus com a vida conspurcada pelo pecado é um sério perigo e uma brecha para a oposição de Satanás. O sumo sacerdote só continuou ministrando quando Deus ordenou que tirassem suas roupas sujas e colocassem um turbante limpo em sua cabeça. Sem vida santa, em vez da bênção de Deus na nossa ministração, teremos a oposição de Satanás.

Ele intercepta a resposta às orações dos santos

Daniel, vivendo na Babilônia, sob o governo de Ciro, rei da Pérsia, estava orando e jejuando durante 21 dias. A Bíblia diz que Deus ouviu e deferiu a oração de Daniel desde o primeiro dia em que o profeta dirigiu ao céu a sua oração. Todavia, o anjo mensageiro que trazia a resposta ao profeta foi interceptado no caminho. Foi preciso que o arcanjo Miguel saísse em sua ajuda a fim de que Daniel recebesse a resposta. O anjo então disse ao profeta que, desde o primeiro dia em que ele, Daniel, determinara em seu coração buscar a Deus, o Senhor ouvira a sua oração. No entanto, o príncipe do reino da Pérsia interceptara o anjo quando este estava a caminho. Houve batalha no céu. Houve uma guerra no mundo espiritual invisível. Forças espirituais do mal se opuseram ao anjo de Deus. Mas

Daniel continuou orando e jejuando durante os 21 dias. Ele perseverou na oração e obteve esplêndida vitória (Daniel 10). A oração é uma arma de guerra. Nós provocamos grandes reações no reino espiritual quando nos colocamos de joelhos para orar. O diabo treme quando vê um santo de joelhos. Quando a igreja ora, os céus se movem, o inferno treme e coisas novas acontecem na terra. Nenhuma igreja pode estar preparada para a batalha espiritual se não tem uma vida abundante de oração. Sem oração, tornamo-nos fracos. As orações são os mísseis que atiramos contra o arraial do inimigo, desarmando suas ciladas e neutralizando suas estratégias.

Ele oprime pessoas com enfermidades

A Bíblia faz referência a algumas pessoas a quem o diabo oprimiu com enfermidade: é o caso de Jó, da mulher, filha de Abraão, que andou encurvada 18 anos, corcunda, só olhando para baixo, com um espírito de enfermidade, e de outras pessoas com surdez, mudez e loucura. Existe hoje uma corrente pregando uma mensagem falsa, dizendo que toda enfermidade é de procedência maligna. Os defensores dessa corrente acreditam que o crente não pode ficar doente. Mas isso não tem base nas Escrituras. Há muitos homens ímpios que têm uma saúde formidável e muitos homens piedosos que padecem sofrimentos atrozes e enfermidades graves.

Nem toda enfermidade é consequência direta de um pecado específico ou de uma ação demoníaca. É verdade, porém, que existe enfermidade cuja origem é a interferência demoníaca. As pessoas que sofrem dessas enfermidades precisam ser libertas do jugo do diabo. Foi isso que Jesus fez com aquela pobre mulher que andava cabisbaixa durante 18 anos (Lucas 13:10-17). Há pessoas que vivem debaixo desse terrível cativeiro de uma enfermidade provocada pela ação do maligno. Nós precisamos ter discernimento para distinguir uma coisa da outra, para não cairmos no pecado dos amigos de Jó, que especularam sobre o sofrimento dele e atribuíram a sua grave enfermidade a pecados que ele não cometera. Nem o próprio Jó descobriu a origem do seu mal. Ele pensou que a sua dor e a sua enfermidade vinham das mãos de Deus, por isso levantou sua amarga queixa contra o Senhor. Mas quando lemos esse livro poético da Bíblia, descobrimos que por trás de todo aquele espetáculo de sofrimento e dor estava a mão iníqua de Satanás. Louvado seja Deus, pois o Senhor permitiu toda aquela tragédia na vida de Jó para que Satanás saísse derrotado e Jó, mais fortalecido. Reafirmamos nossa compreensão de que o diabo é um ser limitado e limitado por Deus. Ele só pode ir até onde Deus o permite ir e nem um centímetro a mais. O diabo é como um cachorro na coleira de Deus; ele só pode ir atém onde a coleira o permite ir.

Ele resiste à obra missionária

Paulo, escrevendo sua primeira carta aos Tessalonicenses, diz que Satanás lhe barrou os passos quando estava empreendendo uma jornada missionária (1Tessalonicenses 2:18). O diabo odeia a obra missionária. Ele a persegue com toda a fúria e agiganta os seus esforços para barrar o ímpeto evangelístico da igreja e a arrancada missionária do povo de Deus. Ele "fecha" portas, bloqueia caminhos, cega o entendimento dos incrédulos, procura derrubar os obreiros, incitando-os à prática de pecados. Ele cria barreiras, levanta muros e se opõe ostensivamente a esse projeto do coração de Deus, de levar o evangelho a todo o mundo. Não há obra missionária sem batalha espiritual. Missões sem confronto com o poder das trevas não há. Não existe missões sem oposição sistemática do reino das trevas. Entrar em missões é pisar num campo minado pelo inimigo. Todavia, a igreja não pode intimidar-se nem recuar por causa da fúria do inimigo. A resistência dele não pode deter o avanço da igreja. Deus não nos promete ausência de lutas, mas nos garante vitória segura. Deus tem os seus escolhidos e eles são chamados pela voz do evangelho. As ovelhas de Cristo ouvem a sua voz e o seguem. Todos aqueles que o Pai deu a Jesus, virão a ele. Aos que Deus predestinou, a esses também chamou. O chamado é eficaz e a obra missionária é vitoriosa. Porém, essa obra é feita debaixo de grande oposição.

Ele atormenta as pessoas em cujo coração não há espaço para o perdão

Quem não perdoa não tem paz. Quem guarda mágoa no coração e nutre ressentimento na alma vive atormentado pelos flageladores. Jesus falou sobre o credor incompassivo que havia sido perdoado de uma dívida de 10.000 talentos (Mateus 18:23-35). Isso é algo astronômico. Jesus usou uma hipérbole para realçar a lição que estava transmitindo. Um talento é igual a 34 quilos. Dez mil talentos equivalem a 340.000 quilos. Normalmente, um talento representava 34 quilos de prata ou ouro. Para termos uma pálida ideia da grandeza desse valor, todos os impostos da Judeia, Pereia, Galileia e Samaria, durante um ano inteiro, eram aproximadamente 800 talentos. A dívida que esse homem tinha era igual ao montante total dos impostos do seu país durante uns 13 anos. Essa era uma dívida impagável. Ainda que ele desejasse, jamais conseguiria saldá-la. Então, ele suplica misericórdia e recebe o glorioso perdão.

Todavia, esse mesmo homem perdoado encontra um conservo mais adiante que lhe devia a irrisória quantia de 300 denários, ou seja, o salário de um trabalhador durante um ano. Esse devedor também lhe suplica misericórdia, mas ele agarra o seu conservo e o sufoca, recusando-se a perdoar a sua dívida. Jesus, então, chama de servo mau aquele homem perdoado que se recusara a perdoar, mandando que o entreguem aos verdugos para ser flagelado.

Na verdade, aquele que retém o perdão é entregue aos verdugos, que lhe incutem uma consciência culpada, é entregue aos flageladores espirituais, que o açoitam e o torturam com uma vida sem paz. Quem não perdoa não tem sossego, vive em conflito, cativo, vive debaixo do chicote dos flageladores, na masmorra do diabo.

Paulo, em Efésios 4:26,27, diz que a *ira* é uma porta de acesso que o diabo encontra para atormentar a vida de alguém. Quando uma pessoa agasalha a mágoa e o ressentimento no coração, tornando-se azeda de ódio, exalando sua ira, o diabo assume o controle para lhe causar grandes danos. Há muitas pessoas hoje cativas do diabo, porque primeiro estão cativas da ira pecaminosa. Jesus diz que o grande segredo para ministrarmos o perdão aos nossos devedores e aos nossos ofensores é reconhecer a grandeza do perdão que já recebemos de Deus. Se fomos objetos do perdão de Deus, devemos nos transformar em canais do perdão para outras pessoas. Quem não perdoa vive atormentado, dá lugar ao diabo e não pode ser perdoado.

Ele usa a arma da dissimulação

Paulo diz em 2Coríntios 11:14,15 que o diabo, em geral, não se apresenta às pessoas como um personagem asqueroso, medonho, com chifres, soltando fogo pelas ventas, mas vem disfarçado de anjo, e anjo de luz. Sua voz se torna melíflua, aveludada. Ele vem com uma capa de rara beleza, com um discurso sedutor, com atrações que enchem os olhos, com prazeres que atraem o coração, com recompensas que satisfazem a alma. Foi assim que ele se apresentou a Eva no Éden, tecendo-lhe os maiores elogios, dizendo-lhe que estava destinada às alturas, que ela, tão nobre como era, não poderia conformar-se com as restrições impostas por Deus. Ela deveria desejar mais, cobiçar mais. Foi assim, com essa isca astuta, que o diabo derrubou Eva. Foi com essa mesma arma que Satanás tentou Davi para fazer um recenseamento do povo, contando seus soldados para a guerra. Assim Davi desviou os seus olhos do Senhor dos Exércitos, demonstrando confiar na força dos seus homens (1Crônicas 21:1). O diabo sempre aplaude e incentiva a ideia de o homem desviar os olhos de Deus e colocar a sua confiança em seus próprios recursos. O diabo é um grande dissimulador. Ele tem muitas máscaras. Sua grande plataforma é enganar as pessoas e ludibriá-las. A isso devemos estar muito atentos.

Ele usa a arma da intimidação

O apóstolo Pedro diz que ele anda ao nosso redor rugindo como *leão*, buscando a quem *devorar* (1Pedro 5:8). O leão ruge para espantar a presa. Ele ruge para que o animal que está no esconderijo, protegido, em segurança, saia e assim seja atacado. Seu rugido é uma forma de intimidação. O diabo é destruidor. Ele é *Abadom* e *Apoliom*. Ele é assassino e ladrão. Ele veio para roubar, matar e destruir.

Muitos incautos, cegos, pretensos sábios, consideram o diabo apenas um mito, marionete de teatro, bicho-papão das lendas para idiotas e ingênuos, espantalho irreal para assustar os ignorantes. Mas se o diabo não existe, perguntamos:

- Como entender os fratricídios, os homicídios bárbaros, os crimes de aluguel, o homem bestializado, os estupros, os antros de promiscuidade e a requintada violência que campeiam em nossos dias, tornando a nossa sociedade em palco de horror e em arena de morte, sem considerar a ação terrível desse ser maligno?
- Como entender a gritante injustiça social, a desonestidade desbragada, a balança enganosa, a fraude inescrupulosa, os conchavos vergonhosos, os acordos escusos, as manobras políticas interesseiras, sob cuja sombra se aninham os piores facínoras, sem conceber a existência e a ação perversa do diabo?
- Como entender os sequestros, os arrombamentos, os latrocínios, os esbulhos, a sórdida cobiça, a avareza insaciável e a inveja alucinante, sem ponderar a interferência do diabo?
- Como entender a putrefata enxurrada de imoralidade que, como esgoto pestilento, é

despejada dentro dos lares por programas televisivos sem decoro e decência, sem admitir a mente perversa desse adversário cruel?

- Como entender a realidade dramática de observar a nossa sociedade doente, patologizada e esquizofrenizada pelas drogas que destroçam lares, esmagam famílias, destroem casamentos e jogam muitas vidas preciosas no fosso da desesperança, sem reconhecer a ação do maligno?

Satanás age com grande fúria na terra sabendo que lhe resta pouco tempo. Seu ataque contra o povo de Deus é implacável.

Ele age na disseminação de ensinos falsos

Paulo diz que nos últimos dias muitos obedeceriam a *ensinos de demônios* (1Timóteo 4:1). O diabo é um grande inventor de religiões. Ele é o pai de muitas doutrinas geradas nas sucursais do inferno, para desviar as pessoas da verdade. Ele é o pai da mentira. Ele não suporta a verdade. Ele trabalha incansavelmente para criar novas doutrinas, novos credos, novas religiões. Sua religião muitas vezes é parecida com a religião verdadeira. Seus agentes muitas vezes são parecidos com os agentes do reino de Deus, tal como o joio é parecido com o trigo. Muitas vezes seus súditos fazem obras espetaculares, levando não apenas outras pessoas, mas até eles mesmos, a acreditarem que pertencem a Deus, e não ao diabo.

Existem muitos ensinos que até adentram os umbrais da igreja de Deus, mas são doutrinas de demônios. Toda doutrina que exalta o homem, que o faz confiar em si mesmo e nas suas obras e virtudes, deixando de lado a mensagem da cruz, é doutrina de demônios. Existem muitos "pregoeiros" que estão servindo ao povo não o alimento do céu, mas um caldo venenoso e mortífero (2Reis 4:38-41). Assim como no tempo de Eliseu, hoje também há morte na panela. Precisamos rejeitar toda doutrina e todo ensino que não estiver baseado nas Escrituras. Muitos pregam sonhos, visões, revelações diretas, experiências, e não as Escrituras. Temos de ter cuidado com isso. Temos de gritar como Isaías: *À lei e ao testemunho! Se eles não falarem desta maneira, jamais verão a alva* (Isaías 8:20).

Ele ataca a mente dos homens

O diabo, *deus deste século*, cega o entendimento dos incrédulos (2Coríntios 4:4). Ele insinua dúvidas com respeito à veracidade da Palavra de Deus (Gênesis 3:1). Ele põe na mente das pessoas a falsa compreensão de que o caminho da cruz poderia ser evitado sem afetar em nada a nossa salvação (Mateus 16:21-23). Ele lança sobre os homens espírito de temor (Mateus 26:33; Lucas 22:31). Ele atira sobre as pessoas seus dardos inflamados, colocando na mente delas pensamentos libidinosos, impuros e malignos. Ele aguça no coração e na mente do homem o orgulho (Gênesis 3:5). A mente é um campo de guerra, em que o inimigo peleja incansavelmente.

COMO VENCER O DIABO

1. Revestimento do poder de Deus

Efésios 6:10 fala da necessidade de poder. Quando olhamos para a igreja de hoje, constatamos que algo está errado. Ela está fraca, os crentes estão sem autoridade. Estamos como os discípulos de Jesus no sopé do monte da transfiguração: impotentes diante da terrível manifestação do diabo. Abrimos a boca para falar, mas nos falta unção. Carregamos o bastão profético, mas nos falta poder. Oramos, mas as orações não têm fogo. Pregamos, mas não somos boca de Deus. Cantamos, mas a música não quebranta os corações. Fazemos muito movimento, mas temos escassos resultados, porque falamos de poder, mas não experimentamos poder.

Não há evangelho para ser compartilhado sem poder, pois o próprio evangelho é o poder de Deus. O próprio Espírito que age em nós e nos ouvintes é Espírito de poder. O próprio reino que está dentro de nós consiste em poder. Para confrontar o poder das trevas, precisamos do poder de Deus. Jesus disse que esse poder para confrontar o poder maligno só se consegue com oração e jejum. A grande tragédia da igreja hoje é que oramos muito pouco. Temos tempo para muitas reuniões, mas não temos tempo para orar. Inventamos muitas novidades para despertar a igreja, mas deixamos de buscar o poder do alto por meio da oração. Hoje ouvimos dos pastores grandes sermões e pequenas pregações, porque lhes falta poder. E. M. Bounds disse que "homens mortos tiram de si sermões mortos, e sermões mortos matam". Lutero dizia que sermão sem unção endurece o coração. Charles Haddon Spurgeon dizia aos seus alunos que, "se os pastores não são dedicados à oração, eles são dignos de lástima e o seu povo digno de compaixão". Abraham Kuyper, ilustre teólogo, educador e político holandês, afirma no seu grande clássico sobre o Espírito Santo que, "se não vivermos na dependência do Espírito Santo em oração, vamos dar pedra em vez de pão ao nosso rebanho".

A igreja no passado, quando percebia que algo estava errado, quando sentia a frieza e a esterilidade assolando a sua vida, parava suas atividades e colocava a boca no pó, arrependendo-se de seus pecados, acertando a sua vida com Deus. Hoje, inventamos novas estratégias, criamos novos programas, como se a nossa cura brotasse das nossas atividades, e não da intervenção de Deus em nossa vida. Por isso, hoje temos gigantes do saber no púlpito, mas pigmeus na oração. Homens que devoram livros e mais livros, mas não conhecem a intimidade de Deus. Têm boa teologia na cabeça, mas não têm óleo nos joelhos nem fogo no coração.

Em Mateus 17:16 existe a declaração frustrada de um pai aflito que apresenta seu filho possesso aos discípulos de Jesus, mas eles não puderam libertá-lo. Não tiveram nenhum sucesso, para expelir o espírito maligno daquela criança. Aquele pai, então, declara: *Apresentei-o a teus discípulos, mas eles não puderam curá-lo.* Esse poder, Jesus disse, só vem mediante a oração e o jejum. Não basta falar do poder. É preciso experimentá-lo. Esse poder não é resultado de conhecimento intelectual nem produto de meditação transcendental. Esse poder vem de Deus. Só ele tem todo o poder. A autoridade para expelir demônios vem do Senhor Jesus. Ele tem toda a autoridade e todo o poder no céu e na terra. Diante dele todo joelho se dobra no céu, na terra e debaixo da terra.

Estive pregando há alguns anos no culto de formatura do Seminário Presbiteriano do Norte, em Recife, PE. Após o culto, um formando procurou-me para relatar sua dramática experiência vivida naquele ano. Ele fora convidado para pregar na igreja Presbiteriana Doze de Agosto, em Aracaju, SE. O jovem pastor daquela igreja, havia tido uma tremenda experiência de quebrantamento e volta de todo o coração para o Senhor, o que revolucionou sua vida, seu ministério e a própria igreja que pastoreava. O referido seminarista nem bem chegara a Aracaju para a série de conferências, e, antes mesmo que se acomodasse, uma mulher desesperada adentrou a casa do pastor pedindo ajuda. É que uma vizinha estava possessa, provocando um grande transtorno em toda a região, sem que ninguém pudesse dominá-la nem expulsar dela aquele espírito demoníaco.

O pastor, então, calmamente disse: "Graças a Deus acaba de chegar de Recife um santo homem de Deus preparado para essa tarefa". O seminarista sentiu imediatamente um calafrio na espinha e, gaguejando, disse: "Eu só vim avisar que estou indo embora". Bem, ele não chegou a dizer isso, porque a língua estava colada ao céu da boca. Sem tardança, o pastor e o seminarista dirigiram-se à casa da mulher possessa e, de longe, começaram a ouvir os gritos alucinados que ela emitia e o alvoroço das pessoas que assistiam àquele espetáculo horrendo.

Ao chegarem à casa, o pastor olhou para o seminarista, e o seminarista olhou para o chão. O pobre jovem conferencista tremia como cana açoitada pelo vento. O pastor disse-lhe: "Seminarista, o caso é todo seu, pode entrar na casa e resolver o problema". Quando ele entrou, tremendo de medo, deparou com um quadro horrível. Aquela mulher estava com os olhos esbugalhados, com o rosto desfigurado, rangendo os dentes, cheia de fúria. Ele, então, esboçou a primeira frase para repreender o espírito maligno que dominava aquela infeliz criatura. Mas, antes que ele terminasse a frase, a mulher possuída deu-lhe uma bofetada no rosto e o jogou ao chão, onde ele ficou cerca de uma hora.

Nesse momento ele sentiu toda a sua mazela, sentiu quão fraco estava. Percebeu que sua vida estava vazia, e ele não tinha autoridade sobre os espíritos demoníacos. Como um filme, naquela hora interminável, passaram em sua mente todos os seus pecados, sua impureza, sua falta de consagração, sua esterilidade espiritual e sua frieza na oração. Percebeu que sua vida cristã era inconsistente. Sentiu vergonha de si mesmo. Então, mesmo no chão, nocauteado, começou a clamar pela misericórdia de Deus. Pediu perdão e clamou pela restauração de suas forças, como Sansão agarrado entre as colunas. Nesse momento, sentiu o poder de Deus invadindo a sua vida, e a mulher possessa, que até então esbravejava ao seu redor, caiu aos seus pés. Imediatamente, ele se pôs de pé, porque diante de Deus humildade, mas diante do diabo autoridade. Agora, revestido do poder de Deus, ele com autoridade expulsou aquele espírito imundo da mulher, e ela ficou livre. Ele, naquela noite festiva da sua formatura, abraçado comigo, chorando, disse-me: "Hernandes, nunca mais a minha vida será a mesma. Eu compreendi que não basta ser um seminarista, um líder, um pastor, um teólogo. É preciso ter o poder do Espírito Santo. Eu não posso entrar nessa peleja sem o revestimento do poder de Deus em minha vida".

Não podemos enfrentar as hostes do mal confiados em nossa própria força. Precisamos ser fortalecidos com poder. As nossas armas não são carnais, mas poderosas em Deus para destruir fortalezas, anulando sofismas e toda altivez que se levanta contra o conhecimento de Cristo, levando todo pensamento cativo à obediência de Cristo (2Coríntios 10:3-5).

2. Revestimento de toda a armadura de Deus (Efésios 6:11,13)

Paulo fala de sete peças dessa armadura. Sete é o número da perfeição. É preciso revestir-se de *toda* a armadura de Deus: 1. o cinto da verdade; 2. a couraça da justiça; 3. os pés calçados com a preparação do evangelho da paz; 4. o escudo da fé; 5. o capacete da salvação; 6. a espada do Espírito; 7. a oração.

Se você deixa de usar uma dessas peças da armadura, o diabo vai achar brecha em sua vida, e você não terá vitória nessa guerra espiritual.

3. Manter vigilância constante (Efésios 6:11)

Ficar firme contra as ciladas é ficar atento, de olhos abertos, vigiando a todo instante. É ficar de prontidão para o combate. É não dormir em meio à luta como os discípulos de Jesus dormiram no Getsêmani. Vigiar é não brincar com o pecado, é fugir da tentação. É viver longe das áreas minadas pelo diabo. É não ficar paquerando e flertando com situações sedutoras. Na verdade, o problema maior não é a presença do diabo, mas a ausência de Jesus.

Quem anda com Jesus não precisa temer as ciladas do diabo. Certa vez, perguntaram a uma criança que entregara seu coração para Jesus o que ela faria se o diabo viesse tentá-la, batendo à porta do seu coração. Ela respondeu com segurança: "Eu pediria a Jesus para abrir a porta e atender por mim". Quando Jesus está em nós e nós estamos nele, quando andamos perto de Jesus e vigiamos, então não precisamos temer mal nenhum.

4. Não ceder às pressões (Efésios 6:13)
Se não estivermos atentos, corremos o risco de ficar revoltados e amargurados com Deus ao nos deparar com o dia mau. Por falta de discernimento espiritual, muitos ficam zangados com as pessoas e provocam grandes desavenças nesse dia, causando traumas nos relacionamentos, cavando abismos de separação e achando que a nossa luta é contra carne e sangue. Precisamos ter discernimento para não cair nessa cilada do diabo. Muitos foram destruídos nessa armadilha, pois, em vez de reconhecer o laço do adversário, insurgiram-se contra Deus, atribuindo-lhe a responsabilidade por todas as tragédias da vida, como fez Jó diversas vezes. Outras pessoas ficam desanimadas e descrentes. Outras ensarilham as armas e desistem de lutar, aceitando a decretação da derrota na vida delas. Asafe, no Salmo 73, confessa o grande perigo que enfrentou ao olhar para a prosperidade do ímpio, que, a despeito de desandar a boca para falar blasfêmias

contra Deus, vivia sem preocupação, sem enfermidade e cercado de honras. Asafe, porém, mesmo andando piedosamente e desviando-se do mal, era castigado cada manhã, enfrentando toda sorte de problemas. Nessa hora, quando seu coração estava ficando azedo, amargurado, e sua mente se embrutecia, ele correu para a Casa de Deus e obteve cura interior, restauração espiritual e uma nova visão das coisas.

5. Não abrir a guarda depois de uma vitória (Efésios 6:13)

A nossa luta contra o diabo e suas hostes continuará até que o diabo seja lançado no lago de fogo. Enquanto aqui vivermos, teremos batalha. Aqui não é lugar de descanso, mas de luta. Viver é lutar, já dizia o poeta: "Não chores, meu filho! Não chores, que a vida é luta renhida! Viver é lutar! A vida é combate, que os fracos abate; que os fortes, os bravos, só pode exaltar!" São essas as palavras de encorajamento que o grande Gonçalves Dias põe na boca do velho cacique, dirigindo-se este ao filho abatido. A vida cristã é uma áspera refrega, uma batalha titânica, uma conflagração renhida num campo juncado de inimigos carrascos, algozes, satânicos e infernais. É uma luta acesa, incansável, sem pausas. Não existe o cessar-fogo. Não existe trégua. Não existem acordos de paz. Não existem advogados de conciliação. É preciso que a igreja deixe de lado o ufanismo de vitórias passadas e continue sempre alerta, de armas em punho. Vamos avante em nome de Jesus, de vitória em vitória, até vermos o inimigo esmagado debaixo dos nossos pés, até entrarmos na glória, pois somos um povo marcado para vencer.

2

CAVALARIA DO INFERNO
(Apocalipse 9:1-11)

Coisas estranhas estão acontecendo no mundo: catástrofes, tragédias, guerras, terremotos, fome, epidemias, desespero e angústia entre as nações. Por que o nosso mundo geme no estertor da morte? Por que há tantas tragédias? Por que há tantos conflitos, tantas barbáries, tantas atrocidades e tanto derramamento de sangue? Por que há tanto ódio, tanta vingança, tantas disputas? Por que há tantas vidas no calabouço das drogas, dos vícios degradantes, vivendo uma subvida, como seres bestializados? Por que existem tantas pessoas atormentadas, sem paz, cativas das taras e aberrações mais escandalosas e abomináveis? Por que há tantos lares quebrados, divididos, separados e destroçados pelas crises que se agigantam a cada dia? Por que campeia com tanta impetuosidade a imoralidade, nas suas formas mais vergonhosas, nestes dias? Por que tanta corrupção e maldade? Por que impera um sistema contaminado pela mentira? Por que tantas pessoas vendem a consciência por dinheiro e capitulam ante o suborno? Isso decorre de nossa natureza caída e corrompida pelo pecado e também pela ação maligna. A carne, o mundo e o diabo conspiram contra nós. Vamos nos deter aqui na ação maligna.

O texto de Apocalipse 9:1-11 traz-nos algumas pistas para entendermos a ferocidade dos nossos dias. Paulo diz em 2Timóteo 3:1 que, nos últimos tempos, os dias seriam *difíceis*. Essa palavra é a mesma empregada pelo evangelista para descrever a fúria daquele homem possesso de Gadara (Mateus 8:28). Os nossos dias são perigosos, furiosos. Mas o que ou quem está por trás dessa fúria dos nossos dias tão difíceis?

João vê uma estrela caída do céu: *O quinto anjo tocou a trombeta, e vi uma estrela caída do céu na terra. E foi-lhe dada a chave do poço do abismo* (Apocalipse 9:1). *Como caíste do céu, ó estrela da manhã, filho da alva! Como foste lançado por terra, tu que debilitavas as nações* (Isaías 14:12). Jesus diz: *Eu via Satanás caindo do céu como um relâmpago* (Lucas 10:18).

Agora, Satanás recebe a chave do abismo (inferno antes do juízo) e abre-o, liberando de lá os incontáveis milhões de gafanhotos, de demônios. Essas forças, soltas no mundo, disparam em cavalgada como cavalos furiosos em batalha, sob a liderança de *Apoliom* e *Abadom*, o destruidor, que é Satanás. Essas forças espirituais do mal se infiltram nos lares, nas escolas, nas instituições, nas ruas, no campo e na vida dos homens, causando devastação como uma cavalaria de guerra em disparada. É a cavalaria do inferno em disparada, fazendo trepidar a terra sob a sua cavalgada infernal.

Há um espírito gerador de crises na política, na economia, nas instituições. Há um espírito gerador de conflitos dentro do homem, entre os homens e entre as nações. O diabo é esse espírito terrível que agora atua nos filhos da desobediência (Efésios 2:2). As hostes malignas capitaneadas pelo destruidor são esses gafanhotos que saem do abismo e provocam tantos estragos e tantas tragédias na vida dos homens. Importa agora saber como são esses gafanhotos, esses agentes do diabo.

CARACTERÍSTICAS DOS GAFANHOTOS QUE SAEM DO ABISMO

1. Espírito de destruição

... e tinham sobre eles, como seu rei, o anjo do abismo, cujo nome em hebraico é Abadom, e em grego, Apoliom (v. 11).

É difícil imaginar uma praga mais terrível que a dos gafanhotos (Êxodo 10:4-15). Esses gafanhotos que saem do abismo são demônios superlativamente mais perigosos e mais devastadores que os bandos que têm devastado as plantações. Eles são capitaneados por *Abadom* e *Apoliom*, o destruidor. Esses gafanhotos vêm para roubar, matar e destruir. Eles são seres malignos, de todo corrompidos, que têm destruído vidas, arruinado lares, pisado sobre nações e arrastado multidões para a perdição eterna. Esses demônios têm provocado tragédias, desavenças e intrigas. Eles são os destruidores da paz, da alegria e do amor. Essa cavalaria do inferno está galopando pelo mundo, esmagando crianças, adolescentes, jovens, velhos, homens e mulheres, destruindo famílias e empurrando multidões para uma vida de escravidão e infelicidade.

2. Espírito de poder e domínio

... *na sua cabeça havia como que coroas parecendo de ouro...* (v. 7).

Esses demônios exercem domínio e comando sobre os homens que estão sob a *potestade de Satanás* (Atos 26:18) e no *reino das trevas* (Colossenses 1:13). Eles são "reis" tiranos, cruéis e carrascos. Os filhos da desobediência, em quem eles atuam, vivem encoleirados e encabrestados por eles. Esses espíritos malignos controlam a vida daquelas pessoas que vivem na prática da mentira, pois o diabo é o pai da mentira. Esses espíritos maus são dominadores carrascos sobre a vida daqueles que vivem com o coração azedo de mágoa e ressentimento (Mateus 18:34; 2Coríntios 2:10,11). Eles agem controladoramente sobre aqueles que são mantidos na cegueira espiritual (2Coríntios 4:4). O apóstolo Paulo diz que o diabo, que lidera essa cavalaria do inferno, é *o deus deste século* (2Coríntios 4:4), *o príncipe da potestade do ar* (Efésios 2:2), *o espírito que agora atua nos filhos da desobediência* (Efésios 2:2). Esses espíritos são tiranos. Eles oprimem seus súditos e os castigam com desmesurado rigor. Existem muitas pessoas hoje que vivem "marionetadas" por esses espíritos demoníacos. Nos centros espíritas, nos terreiros de umbanda e candomblé existem muitas pessoas que vivem acuadas pelo medo desses gafanhotos do inferno. Muitos chegam ao cúmulo degradante de irem aos cemitérios, à meia-noite, para fazerem despachos a fim de agradar os caprichos desses espíritos opressores. Fazem pacto de sangue e negociam a sua própria alma, numa fidelidade cega a esses demônios, vivendo sempre debaixo desse tenebroso cativeiro. Ao tentarem sair das garras desses gafanhotos infernais, tais homens e mulheres são imediatamente ameaçados de morte; muitos, por medo, continuam servindo ao diabo e seus demônios durante a vida inteira.

3. Espírito de inteligência
... e o seu rosto era como rosto de homem (v. 7).

Esses espíritos malignos possuem uma inteligência sobrenatural. Eles são peritos estrategistas. Eles arquitetam planos mirabolantes e criam ciladas de todos os tipos para apanhar em sua rede os incautos. Vasculham a vida das pessoas. São detetives que espreitam o nosso caminhar. Escutam as nossas palavras e observam as nossas ações.

Planejam meios de enredar e derrubar os homens. Armam ciladas, criam sutilezas, inventam filosofias e religiões para torcer a verdade e manter os homens presos nas teias de seus sofismas e engodos. Não há na terra nenhum detetive capaz de desarticular esses planos infernais. Milhões de gafanhotos saídos do abismo invadem a imprensa, as universidades, os seminários, o teatro, as redes sociais, a televisão e até os púlpitos. Levantam a bandeira da cultura, do conhecimento, das artes e encantam as pessoas com sua brilhante inteligência, mas seus ensinos, embora bafejados de intelectualidade, carregam o veneno letal da morte em suas entranhas.

4. Espírito de sensualidade

... tinham também cabelos, como cabelos de mulher... (v. 8).

O primeiro fato que precisamos destacar é que esses espíritos não saem do abismo com um aspecto horripilante, soltando fogo pelas ventas, provocando pavor nas pessoas pelo seu aspecto macabro. Eles vêm emoldurados de rara beleza. Vêm com a roupagem de anjos de luz. Aparecem com aspecto bonito, encantador, capaz de encher os olhos e seduzir o coração. São dissimuladores. Aparecem com voz suave e meiga. Vêm com blandícia, colocando-se em nossa defesa, procurando defender a nossa causa e enchendo-nos de promessas fantásticas.

Foi com essas armas que o diabo conseguiu enganar Eva. Foi com essa estratégia que ele persuadiu a Davi, que fez um censo para saber de quantos soldados dispunha, para perceber quão grande era seu exército. Davi esperava, com isso, não mais depender da intervenção de Deus.

O segundo fato que merece destaque é que esses espíritos despejam no mundo uma torrente de sensualidade. Esses espíritos, aproveitando a brecha da corrupção do coração humano, têm levado o nosso mundo ao caos moral, ao colapso ético. Os valores absolutos estão desmoronando como uma montanha de açúcar no temporal. Vivemos numa sociedade hedonista, que vive para o prazer imediato. Para o homem moderno, tudo é encarado como normal. Nada é proibido.

A orgia, a pornografia, a homossexualidade, o lesbianismo, o nudismo, a obscenidade e a decadência moral estão sendo instaurados sem resistência. Nossa sociedade está ficando cada vez mais frouxa e permissiva. Cresce como cogumelo, à beira das nossas estradas e na periferia das nossas cidades, o número de motéis, verdadeiros prostíbulos institucionalizados, nas barbas das nossas autoridades. O sexo no namoro deixou de ser exceção para ser uma regra e uma prática comum até nos arraiais evangélicos.

A prática criminosa e nefasta do aborto recrudesce a cada ano. São milhões de abortos praticados no Brasil por ano. Esse é um crime bárbaro e desumano, pois se assassina não o inimigo ameaçador, mas o próprio fruto do ventre, e isso com o requinte da mais perversa crueldade. As pobres vítimas, indefesas, acuadas e encurraladas no patíbulo do ventre materno, são impedidas de erguer seu grito de socorro e perecem inapelavelmente envenenadas, asfixiadas, sugadas, esquartejadas, aspiradas, retalhadas, sem nenhuma chance de defesa.

É assustador o crescimento neste país de adolescentes que entregam o corpo à prostituição. É alarmante constatar o alto índice de pessoas infiéis na relação conjugal. Nossa sociedade está moralmente vulnerável. A família está profundamente enferma eticamente. Hoje, milhares de pessoas soçobram e naufragam no mar agitado de suas paixões e capitulam-se ante a atração fatal do sexo sem freios e sem compromisso. Muitos são aqueles que estão colhendo os frutos amargos e venenosos dessa vida desregrada, contraindo doenças sexualmente transmissíveis e conspurcando, assim, sua honra e lançando sua alma no poço escuro da desesperança.

Vivemos hoje na sociedade do pansexualismo, da sexolatria e da falência da pureza. Esse caos de consequências tão desastrosas tem sido gerado em grande parte pelo resultado da ação desses demônios saídos do abismo, os quais induzem, seduzem e empurram os homens para um mar de lama de carnalidade irresponsável. Por isso, vemos os meios de comunicação de massa insistindo em fazer da depravação moral uma imagem normal. A pornografia industrializou-se poderosamente sob a indiferença covarde de uns e a conivência criminosa de outros.

5. Espírito de violência

... os seus dentes, como dentes de leão (v. 8b).

O chefe dos demônios saídos do abismo é *Abadom* e *Apoliom*, ou seja, o destruidor. Ele é assassino. Ele veio para matar e destruir. Seus agentes são tão pervertidos e maus quanto ele. Eles têm provocado guerras, gerado conflitos e causado milhões de mortes. Esses gafanhotos estão por trás de muitas guerras sangrentas como aquelas duas guerras mundiais, no século 20, que ceifaram tantas vidas. Esses gafanhotos inspiraram muitos facínoras, como Hitler, que levou ao martírio e à morte mais ignominiosa seis milhões de judeus. Esses agentes do inferno têm inspirado muitas guerras tribais no continente africano, deixando um rastro de destruição, pobreza e pessoas mutiladas. Esses agentes do mal têm inspirado o investimento de riquezas colossais, que poderiam solucionar os problemas sociais do mundo, na fabricação de armas superpotentes que poderiam fazer o nosso planeta tornar-se poeira cósmica em questão de segundos. Esses gafanhotos do abismo trabalham sem intermitência para levantar nação contra nação e reino contra reino. Eles articulam planos terríveis, visando destruir o homem, levando-o à ruína. Eles têm ferido multidões. Têm incitado toda sorte de violência. Têm induzido os homens a se tornarem agressivos. Assistimos hoje, no picadeiro da história, o drama do homem destruindo o próprio homem. O homem tornou-se o lobo do próprio homem. Os homens não se toleram, hostilizam-se. O terrorismo está em ascensão. Os sequestros, seguidos de latrocínio, estão se tornando uma amarga realidade na vida moderna. Os crimes de aluguel e a violência incontida e incontrolável no campo e na cidade estão inundando de sangue a terra.

Nosso mundo tem sido açoitado impiedosamente pela violência. Assistimos ao avanço incontrolável das quadrilhas, das máfias, do crime organizado. Este é o mundo das tocaias, do trabuco, da lei do mais forte, da opressão. Nossas cidades estão cheias de crimes, assaltos, arrombamentos, sequestros, assassinatos, truculência, mortes bárbaras, massacres e holocaustos humanos. Nossos jornais estão encharcados de sangue. É a cavalaria do inferno, na sua fúria, pisando e esmagando os homens.

O terrorismo é uma ameaça concreta. Nem mesmo as nações mais poderosas são poupadas. Desde a queda das torres gêmeas em Nova Iorque, no dia 11 de setembro de 2011, é que tem se multiplicado os atentados em todos os continentes. Mata-se sem critério. Inocentes têm sua vida ceifada. A barbárie é espalhada com malignidade indescritível.

6. Espírito de inatingibilidade

... tinham couraças, como couraças de ferro (v. 9).

Esses gafanhotos são seres sobre-humanos, inatingíveis, invisíveis, que não podem ser atacados por forças humanas. Eles não podem ser feridos por armas humanas. Não podem ser detidos em prisões humanas. Não podem ser destruídos por bombas feitas pelos homens. Para lutar contra essas hostes, precisamos de armas espirituais. Não podemos enfrentar esses gafanhotos na força da carne. Não podemos ignorar seus desígnios. Não podemos subestimar sua força. Não podemos entrar nesse campo de guerra sem o revestimento do poder de Deus. Não podemos entrar nessa peleja sem a plena armadura de Deus.

Os produtores e traficantes de drogas formam poderosos sindicatos, "vestindo couraças de ferro", que resistem à ação repressiva da lei. Eles subornam, corrompem, degradam, viciam e matam. E a sociedade diante desses exércitos de Satanás, saídos dos esgotos do inferno, está praticamente indefesa.

Assistimos, constrangidos, traficantes mesmo presos, comando o crime de dentro dos presídios. Vemos, homens perversos, mesmo colocados em prisões de segurança máxima, movimento milhões e milhões de dólares, no submundo do crime. Essas pessoas parecem estar acima e além do alcance da lei. Estão blindadas. Vestem couraças de ferro.

7. Espírito de obscuridade

Ele abriu o poço do abismo, e subiu fumaça do poço como fumaça de grande fornalha, e, com a fumaceira saída do poço, escureceu-se o sol e o ar. Também da fumaça saíram gafanhotos para a terra... (v. 2,3).

O diabo é das trevas. Ele não suporta a luz. Seus agentes também atuam onde há fumaça, onde a luz é toldada, onde o sol da verdade não brilha, onde reina a confusão, onde impera a escuridão. Onde prevalecem as trevas, aí o diabo oprime, aí os gafanhotos do inferno trabalham à vontade. É por isso que precisamos andar na luz. Deus é luz. Quem anda na luz não tropeça. Quem anda na luz sabe para onde vai e não é enredado pelos ardis desses gafanhotos malditos. Não poucas vezes, esses agentes do inferno engendram religiões, torcendo e aviltando a Palavra de Deus, para manter almas cativas numa fumaceira escura, em que não chega a luz do sol da justiça. É o diabo, o deus deste século, que cega o entendimento dos incrédulos, porque, como ele é das trevas, não gosta de ver os homens deleitando-se na luz de Cristo. O grande propósito dessa cavalaria do inferno é manter os homens num berço de cegueira, numa estrada de escuridão, numa vida de obscurantismo espiritual e depois levá-los para o inferno, onde predominarão as trevas para sempre. As trevas são o berço daqueles que vivem no engano do pecado. O diabo tem um reino, o império das trevas. Tudo o que é criado ali está envolto em trevas. Ideias, conceitos, filosofias, pensamentos, valores, práticas são concebidas para arrastar os homens para esse caudal de escuridão. A televisão, o teatro, o cinema e as redes sociais estão encharcados desses desvios que têm como propósito manter os homens prisioneiros das trevas. A ideologia de gênero solapa os alicerces da família. A infidelidade conjugal é incentivada nas telenovelas. A violência desmedida é exposta de forma crua nos filmes. O ocultismo com seus viés satânico está presente nas películas mais disputadas.

A MISSÃO PRINCIPAL DOS GAFANHOTOS QUE SAEM DO ABISMO

1. Atormentar os homens (v. 5)

João vê que, ao ser aberto o abismo, sobem imediatamente do poço colunas de fumaça, semelhantes à fumaceira de uma grande fornalha. É a fumaceira da decepção e do erro, do pecado, do vício e da degradação moral que está subindo sempre do inferno. Tão espesso e lôbrego é essa fumaça, que são entenebrecidos o sol e o ar. Isso é símbolo da terrível cegueira moral e espiritual provocada por essas forças terríveis que agem na terra (v. 3).

Existe, incontestavelmente, uma invasão demoníaca contra a terra de seres excessivamente terríveis e perversos. O dragão foi lançado para a terra e está agindo desesperadamente e com grande cólera, sabendo que pouco tempo lhe resta (Apocalipse 12:12). Estamos assistindo a uma intervenção satânica no mundo. Forças cósmicas do mal estão invadindo a terra. É um ataque em massa desses demônios atormentadores. É uma invasão extraterrena. Há um cerco de demônios em volta da terra. Os homens estão entrincheirados pelos gafanhotos do inferno. Esses demônios saídos do abismo agem com grande atrocidade, atormentando os homens. Eles tornam a vida dos homens um pesadelo. Eles criam mecanismos e estratégias para tornar a vida um palco de sofrimento. Eles engendram planos ardilosos para despojar os homens de toda perspectiva de felicidade. Eles tornam a vida humana um palco de dor e um picadeiro de angústias infernais. Esses demônios estão ferroando os homens hoje como escorpiões (v. 10). Estão inoculando neles seu veneno mortífero. Estão instilando nos homens a maldade, o ódio e a depravação.

O homem hoje vive atormentado. Não existe paz na terra. Não há paz nos corações. As famílias não têm paz. O mundo todo está em conflito.

Há multidões que, no seu tormento infernal, embrenham-se no cipoal de suas paixões, entregam-se no altar da luxúria e conspurcam o corpo, além de afligir a alma com sofrimento desesperador. Outros correm para o ocultismo, para a astrologia, para o misticismo, para o kardecismo, para a umbanda, para as filosofias orientais, para a meditação transcendental, tentando encontrar consolo para o coração aflito, mas só colhem mais desilusões, só sorvem o cálice repleto de suas próprias angústias. Outros, ainda, capitulam ante o império carrasco do alcoolismo. Bebem, perdem a honra, o nome, a dignidade, o respeito, os bens, a família e afogam-se no pântano lodacento do mais dolorido tormento. Não poucos, buscando refúgio para suas decepções e amarguras, caem na armadilha das drogas e afundam-se num atoleiro nojento e repugnante, deixando, assim, que a vida deles escoe pelo ralo da história, indo parar no esgoto nauseabundo do tormento mais cruel.

As pessoas hoje, na verdade, andam muito atormentadas. Há um buraco negro no coração do homem moderno. Há um abismo muito escuro em sua alma. Existem cavernas tenebrosas em seus sentimentos. Algo está errado com o homem. Ele é um ser marcado pela culpa, pelo recalque, pelo medo e pelos complexos. Anda tatuado pela insatisfação. Vive a neurose constante do medo. É um ser atormentado pelos gafanhotos que saíram do grande abismo.

O versículo 5 revela que esse tormento é *como tormento de escorpião quando fere alguém*. O versículo 10 explicita que esses gafanhotos tinham *cauda, como escorpiões, e ferr*ão... O tormento que esses demônios provocam na vida dos homens não é um sofrimento imaginário, mas real. Não é apenas algo espiritual, mas tem profundas reverberações físicas. Não é apenas um sofrimento para ser curtido no inferno, depois desta vida, mas o palco desse drama fatídico é na terra (v. 3). Não é um sofrimento para além da história, postergado somente para a eternidade, mas um tormento que o homem começa a sofrer já, agora, nesta vida, neste planeta, nesta história. Não é algo escatológico, mas atual e contemporâneo.

2. Causar dano aos homens (v. 4,10)

Esses seres malignos receberam poder (v. 3) para causar danos aos homens (v. 4,10). Ah, quantos danos eles têm causado aos homens! Quantas perdas, quantas lágrimas vertidas, quanta vergonha, quanta dor, quanta angústia, quantos lares arrebentados, quantas vidas iludidas, quantas pessoas com a esperança morta! O diabo é um estelionatário. Apresenta o pecado como uma experiência prazerosa, mas esconde o sofrimento que ele produz. Apresenta o pecado como uma iguaria deliciosa, mas o pecado é malieníssimo. O pecado é pior do que o sofrimento e pior do que a própria morte. O pecado leva o homem para longe de Deus e lança-o no inferno. O diabo é ladrão. Ele só tira. Ele não dá nada para ninguém. Ele é mentiroso. Ele promete mundos e fundos, mas ele não tem nada para dar. O diabo promete alegria e paga com o desgosto. Promete liberdade e escraviza. Promete vida e mata. O diabo só causa danos. Onde ele está, é prejuízo na certa. Onde ele domina, o que sobra é vergonha e opróbrio. Sua alegria é a desgraça dos outros. Ele é como o urubu: sobrevive da ruína dos outros. A morte dos outros é sua vida. Talvez você já tenha sido lesado pelo diabo e suas hostes. Talvez já tenha sido saqueado e roubado por esse inimigo perverso. Talvez já tenha sofrido danos irreparáveis em sua vida. Pode ser que esses gafanhotos já tenham jogado lama na sua face, expondo-o ao ridículo. Pode ser até que você já não consiga levantar a cabeça, porque esses demônios lhe deram uma rasteira, enlamearam seu nome e agora escarnecem da sua dor e humilhação.

3. O tormento que eles causam aos homens é pior do que a morte (v. 6)

O tormento causado por esses gafanhotos é tão grande que os homens buscarão a morte a fim de encontrar alívio para a agonia que sentem, mas nem mesmo a morte lhes dará alívio. Hoje, muitos preferem a morte à vida. Pior que qualquer ferida é querer morrer e não poder fazê-lo. Os homens verão a morte como alívio, mas até a morte não lhes trará alívio, mas tormento eterno. A morte não consegue matar esse desespero. Esse tormento é pior do que a morte.

O filósofo existencialista Søren Kierkegaard retratou isso bem: "O tormento do desespero é exatamente esse, não ser capaz de morrer. Quando a morte é o maior perigo, o homem espera viver; mas, quando alguém vem a conhecer um perigo ainda mais terrível que a morte, esse alguém espera morrer. E, assim, quando o perigo é tão grande que a morte se torna a única esperança, o desespero consiste no desconsolo de não ser capaz de morrer".

O tormento é tal que a morte seria preferível. A vida é um inferno existencial para muitos. Para muitas pessoas atormentadas por esses gafanhotos do abismo, a vida é uma piada sem graça, como expressava o filósofo ateu Albert Camus. Para muitos, a vida é um engodo, um fardo, uma canga pesada. Estes buscam alívio por toda parte, cavam cisternas rotas pelos desertos da vida, mas só encontram desilusão, pois a Palavra de Deus diz que para o ímpio *não há paz* (Isaías 57:21). Nem a morte pode livrá-lo desse indescritível tormento.

Cresce espantosamente em todo o mundo o índice de suicídios. Mais pessoas se matam do que são mortas. Há mais suicídios no mundo do que assassinatos. Muitas são as causas do suicídio: depressão, feridas emocionais, decepção amorosa, problemas financeiros, radicalismo religioso, medo do futuro, vazio existencial. Há muitas pessoas que, enganadas pelo pai da mentira, dão cabo da vida, pensando que, cometendo suicídio, porão fim ao seu tormento. Ledo engano! A morte não é o fim da existência. Deus colocou a eternidade no coração do homem. Há uma eternidade insondável, vastíssima pela frente. Aqueles que morrem com Cristo, desfrutarão da bem-aventurança eterna, mas aqueles que morrem sem Cristo, enfrentarão uma eternidade de tormento e dor.

A SITUAÇÃO DO POVO DE DEUS DIANTE DA CAVALARIA DO INFERNO

1. Os selados estão livres do tormento (v. 4b)

O diabo e seus demônios, o inferno e suas hostes, não têm poder sobre aqueles que receberam o selo de Deus. A cavalaria do inferno não pode esmagar debaixo de suas patas aqueles que foram redimidos por Deus. Apocalipse 9:4 diz:

E foi-lhes dito que não causassem dano à erva da terra, nem a qualquer coisa verde, nem a árvore alguma e tão somente aos homens que não têm o selo de Deus sobre a fronte.

O apóstolo João escreve:

Sabemos que todo aquele que é nascido de Deus não vive em pecado; antes, aquele que nasceu de Deus o guarda, e o maligno não lhe toca. Sabemos que somos de Deus e que o mundo inteiro jaz no maligno (1João 5:18,19).

Ainda declara o apóstolo João: *Filhinhos, vós sois de Deus* [...] *maior é aquele que está em vós do que aquele que está no mundo* (1João 4:4). Aquele que se abriga debaixo das asas do Deus onipotente e se refugia nos braços do Deus eterno está protegido do ataque implacável dessa cavalaria do inferno. Ainda que o inferno vomite contra os filhos de Deus toda a sua fúria e os persiga com toda a sua maldade, as hostes do mal não lograrão êxito, pois diz a palavra que *toda arma forjada contra ti não prosperará...* (Isaías 54:17). Ainda que o inimigo dispare contra a igreja de Cristo todas as suas armas e esgote todo o seu arsenal, lançando contra ela todas as suas setas venenosas, mesmo assim a igreja sairá vitoriosa. O apóstolo Paulo ergue sua voz e faz uma pergunta perturbadora: *Que diremos, pois, à vista destas coisas? Se Deus é por nós, quem será contra nós?* (Romanos 8:31). Prossegue o apóstolo:

> *Quem intentará acusação contra os eleitos de Deus? É Deus quem os justifica. Quem os condenará? É Cristo Jesus quem morreu ou, antes, quem ressuscitou, o qual está à direita de Deus e também intercede por nós. Quem nos separará do amor de Cristo? Será tribulação, ou angústia, ou perseguição, ou fome,*

ou nudez, ou perigo, ou espada? [...] *Em todas essas coisas, porém, somos mais que vencedores, por meio daquele que nos amou* (Romanos 8:33-35,37).

Quando uma pessoa é convertida a Jesus Cristo, ela sai do império das trevas, da casa do valente, da potestade de Satanás, e se apropria da estupenda e cabal vitória de Cristo sobre o diabo e suas hostes. O salvo, agora, está seguro nas mãos de Jesus para sempre, e ninguém pode arrebatá-lo das mãos do rei do universo. *Eu lhes dou a vida eterna; jamais perecerão, e ninguém as arrebatará da minha mão* (João 10:28). Quando nos unimos a Cristo pelo novo nascimento e nos tornamos membros da família de Deus, passamos a participar da total vitória do cordeiro. Por isso, é impossível que alguém que foi selado por Deus seja esmagado por essa cavalaria do inferno. Assim é que Paulo levanta o estandarte da confiança absoluta do salvo, drapejando essa bandeira vitoriosa e declarando com voz altissonante:

> *Porque eu estou bem certo de que nem a morte, nem a vida, nem os anjos, nem os principados, nem as coisas do presente, nem do porvir, nem os poderes, nem a altura, nem a profundidade, nem qualquer outra criatura poderá separar-nos do amor de Deus, que está em Cristo Jesus, nosso Senhor* (Romanos 8:38,39).

2. Que selo é esse que nos protege do tormento dos gafanhotos saídos do abismo?

Esse selo protetor é o selo do Espírito Santo, dado ao que crê em Jesus Cristo como Salvador e Senhor. No instante em que o homem ouve a mensagem salvadora do evangelho, e Deus lhe abre o coração para a fé verdadeira, esse homem, então, nasce de novo e é selado como propriedade exclusiva de Deus. Nesse instante, somos guardados como a menina dos olhos de Deus, e os demônios perdem o poder de nos atormentar. Assim expressa o apóstolo Paulo, inspirado pelo Espírito Santo:

> ... *depois que ouvistes a palavra da verdade, o evangelho da vossa salvação, tendo nele também crido, fostes selados com o Santo Espírito da promessa; o qual é o penhor da nossa herança, até ao resgate da sua propriedade...* (Efésios 1:13,14).

3. Como se recebe esse selo?

O apóstolo Paulo, em sua carta aos efésios, fala sobre o assunto de forma meridianamente clara, apontando duas maneiras:

Ouvir o evangelho (Efésios 1:13)

O homem precisa ouvir a gloriosa mensagem do que Cristo fez por ele na cruz. Jesus levou na cruz a crise que nos esmaga, a dor que nos atormenta. Ele levou sobre si as nossas chagas, as nossas feridas, as nossas angústias, os nossos pesadelos, a nossa miséria, a nossa maldade, a nossa culpa, o nosso pecado. Ele, sendo Deus, se fez homem; sendo rei dos reis, se fez servo; sendo santo, se fez pecado por nós; sendo bendito eternamente, se fez maldição; sendo exaltado acima dos céus, desceu à terra e foi humilhado até a morte, e morte de cruz; sendo magnificado pelos anjos, foi cuspido pelos homens, suportando o suplício horrendo dos açoites, a tortura da coroa de espinhos, a infâmia dos apupos da multidão tresloucada, a dor lancinante dos pregos a rasgar suas mãos e seus pés, deitando naquele leito vertical da morte, em que morreu pelos nossos pecados e adquiriu para nós eterna redenção.

Ali, na cruz do Calvário, Jesus pagou o preço da nossa salvação. Ali ele cumpriu as exigências inflexíveis da lei por nós. Ali ele satisfez as demandas da justiça divina por nós. Ali ele quitou nossa dívida impagável, rasgando o escrito de dívida que era contra nós, anulando-o e encravando-o na cruz. Ali na cruz Jesus triunfou sobre o diabo e suas hostes, derrotando-os e expondo-os ao desprezo. Veja como o apóstolo relata esse tremendo acontecimento:

e, tendo cancelado o escrito de dívida, que era contra nós e que constava de ordenanças, o qual nos era prejudicial, removeu-o inteiramente, encravando-o na cruz; e, despojando os principados e as potestades, publicamente os expôs ao desprezo, triunfando deles na cruz (Colossenses 2:14,15).

Jesus ressuscitou, venceu a morte. Agora a morte não pode mais detê-lo. A morte, agora, não dá a palavra final. A morte não prevalece. Quem tem a última palavra agora é Deus.

Crer em Jesus (Efésios 1:13)

Coloque a sua confiança em Jesus. Creia nele como seu Salvador e Senhor. Ele venceu o diabo. Ele esmagou a cabeça da serpente. Ele triunfou sobre os demônios na cruz. Ele ressuscitou com poder e desbaratou os poderes do inferno. Creia em Jesus e entregue sua vida a ele. Corra para ele. Refugie-se nele. Nele há copiosa redenção. Nele há libertação da angústia, do pecado e do tormento dos demônios. Creia, e você será liberto. Creia, e terá paz. Creia, e você será selado pelo Espírito Santo.

3

O DRAGÃO ATACA A IGREJA
(Apocalipse 12)

Encontramos em Apocalipse 12 a ferrenha luta do dragão contra a igreja. É um texto altamente simbólico, com ricas figuras e profundo significado. A mulher descrita no texto não é Maria, como pensam alguns hermeneutas precipitados. Essa mulher simboliza a igreja. Em ambas as dispensações a igreja é uma só, um só povo escolhido em Cristo. É uma só vinha, um só corpo, um só rebanho, uma só família, uma só esposa. Em sua consumação, é uma só Jerusalém nova, em cujas portas estão escritos os nomes das doze tribos e em cujos fundamentos estão gravados os nomes dos doze apóstolos.

A DESCRIÇÃO DESSA MULHER

1. Ela está vestida do sol (v. 1)

Essa figura descreve o fato de a igreja ser gloriosa e exaltada. A igreja reflete a beleza de Cristo. Ela reverbera o brilho da glória de Deus. Assim como o ouro cobria as tábuas de acácia no tabernáculo, a glória de Deus cobre a igreja. A beleza de

Deus está estampada na igreja. A glória de Deus refulge através da igreja.

2. Debaixo dos seus pés está a lua (v. 1)

Essa bela figura revela o fato de a igreja exercer domínio. O cabeça da igreja é aquele que tem todo o poder e toda a autoridade no céu e na terra. A igreja está em Cristo. A igreja está entronizada com Jesus. Ela é a noiva do cordeiro. Ela está assentada com ele acima de todo principado e potestade. Ela recebeu autoridade sobre o diabo e suas hostes. Agora a igreja exerce domínio espiritual em nome de Jesus. A igreja tem o direito de usar esse *nome* que está acima de todo nome. A autoridade da igreja não provém dela mesma; sua autoridade é aquela que recebeu de Jesus. Seu domínio não é o domínio terreno, político, mas espiritual.

3. Tem em sua cabeça uma coroa de doze estrelas (v. 1)

Isso significa que a igreja é vitoriosa. A igreja de Deus é vencedora, pois ela identificou-se com Cristo em sua morte e ressurreição. Ela foi exaltada com Cristo acima de todo principado e potestade. Estando em Cristo, a vitória de Cristo é a sua vitória. O triunfo de Cristo é o seu triunfo. A exaltação de Cristo é a sua exaltação. A igreja como corpo de Cristo é indefectível, é imbatível, é mais do que vencedora.

4. Ela estava grávida (v. 2)

A grande missão da igreja era dar à luz Cristo segundo a carne. Deus preparou um povo especial para ser o veículo da chegada do messias ao mundo. Esse processo, segundo o versículo 2, foi doloroso, sofrido; houve muita dor, muita lágrima, muito tormento. Muitas forças hostis conspiraram contra esse plano de Deus de enviar seu Filho ao mundo. O diabo e seus asseclas batalharam desesperadamente para que a mulher abortasse esse filho. Mas Deus mesmo protegeu o seu povo de todos esses terríveis ataques, a fim de que na plenitude dos tempos Jesus nascesse, cumprindo assim todas as profecias com respeito ao seu nascimento.

5. O filho dessa mulher é Jesus (v. 5,10)

Fica claro pela descrição do versículo 5 que esse filho só pode ser Jesus: *Nasceu-lhe, pois, um filho varão, que há de reger todas as nações com cetro de ferro. E o seu filho foi arrebatado para Deus até ao seu trono.* O versículo 10 explicita de forma meridianamente clara que o Filho a quem a mulher dá à luz é Jesus mesmo: *Então, ouvi grande voz do céu, proclamando: Agora, veio a salvação, o poder, o reino do nosso Deus e a autoridade do seu Cristo...*

A DESCRIÇÃO DO DRAGÃO

Precisamos compreender que existe o mundo visível e o invisível, assim como há o mundo material e o espiritual. Homens e anjos são criaturas morais de Deus. Eles habitam esses dois mundos. Houve um tempo em que ocorreu uma rebelião no céu, e o querubim da guarda, o anjo de luz, o sinete da perfeição, dominado pela soberba, desejou ser igual a Deus e exaltar o seu trono acima dos outros anjos (Isaías 14:13-15; Ezequiel 28:14-19). Então, ele foi expulso do céu e lançado à terra (Isaías 14:12; Apocalipse 12:12). Ele não caiu só; ele seduziu e arrastou consigo um terço dos anjos de Deus, que se tornaram demônios: *A sua cauda arrastava a terça parte das estrelas do céu, as quais lançou para a terra...* (Apocalipse 12:4). Os anjos são chamados de estrelas na Bíblia (Jó 38:7; Lucas 10:18; Apocalipse 9:1; Apocalipse 12:4). Chegamos, então, à conclusão de que o dragão, que é o diabo (Apocalipse 12:9), tem em suas fileiras um séquito infernal de seres angelicais caídos e corrompidos que lutam contra a igreja. Essa luta é titânica, terrível e sem trégua. Esses inimigos medonhos laboram o dia todo e todo dia, engendrando estratagemas para enfraquecer a igreja lançando contra ela seus dardos inflamados. Qual é a descrição desse perverso e pervertido inimigo contra quem lutamos?

1. Nosso inimigo é um ser pessoal (v. 9)

E foi expulso o grande dragão, a antiga serpente, que se chama diabo e Satanás, o sedutor de todo o mundo, sim, foi atirado para a terra, e, com ele, os seus anjos (v. 9).

O nosso adversário não é um mito, não é uma figura lendária ou folclórica. Ele não é um ser impessoal, etéreo. Ele não é um princípio negativo. Ele não é a maldade subjetiva. Ele é uma personalidade que tem vontade, planos e estratégias. Ele é um ser pensante que tem objetivos, traça planos, cria estratagemas e arma ciladas. Ele é um ser que tem sentimentos, pois ele anda cheio de grande cólera (v. 12). Ele está permanentemente irado contra a igreja (v. 17). Ele é um ser que tem inteligência, pois é capaz de seduzir (v. 4). Ele é um ser que tem objetivos claros: perseguir a igreja (v. 13). Sua grande obsessão era devorar Jesus (v. 4). Ele é um inimigo que peleja (v. 7), que é expulso (v. 9), que é vencido (v. 11). Ele é chamado de grande dragão, antiga serpente, diabo e Satanás. Portanto, ele não é uma energia negativa, algo impessoal, mas um ser real, maligno, superlativamente perverso.

2. Nosso inimigo exerce influência universal (v. 3)

Viu-se, também, outro sinal no céu, e eis um dragão, grande, vermelho, com sete cabeças, dez chifres e, nas cabeças, sete diademas (v. 3).

As **sete cabeças** representam que ele exerce poder e grande autoridade. Ele é chamado de deus deste século, príncipe deste mundo e príncipe da potestade do ar. Ele é pai dos que vivem para fazer sua vontade (João 8:44). Ele é o sedutor de todo o mundo (v. 9). *Os dez chifres* simbolizam a sua capacidade destruidora. Ele é chamado de *Abadom* e *Apoliom*, ou seja, destruidor (Apocalipse 9:11). Jesus o chama de homicida (João 8:44). Ele é o ladrão que veio roubar, matar e destruir (João 10:10). O próprio nome *dragão* já descreve seu caráter destruidor. Ainda assim, João o adjetiva de "grande" e "vermelho", denotando sua ferocidade e sua determinação em derramar sangue e em devorar. *Os sete diademas* indicam que o seu governo é universal. Sua influência não se limita a um povo ou nação. Não se restringe a algumas culturas ou religiões. Ele possui súditos em toda a terra. Ele anda por toda a terra policiando as pessoas. *Então, perguntou o SENHOR a Satanás: Donde vens? Satanás respondeu ao SENHOR e disse: De rodear a terra e passear por ela* (Jó 1:7). Todos os homens, antes de receberem vida em Jesus, estão mortos em delitos e pecados, vivendo segundo o príncipe da potestade do ar, do espírito que agora atua nos filhos da desobediência (Efésios 2:2). Na verdade, os homens, antes de sua conversão, andam no cabresto do diabo, vivem guardados na casa do diabo (Lucas 11:20-22), na potestade de Satanás (Atos 26:18), no reino das trevas (Colossenses 1:13) e são filhos do diabo (João 8:44).

3. Nosso inimigo é destruidor (v. 3)
Viu-se, também, outro sinal no céu, e eis um dragão, grande, vermelho... (v. 3).

Onde está presente esse terrível e medonho dragão, só impera a destruição. Onde o diabo comanda, só existe desgraça. Não há nada de bom que ele faça. Seu ser é de todo corrompido. Suas ações são total e intensamente más. Ao chamá-lo de *dragão grande*, a Bíblia evidencia que ele é um inimigo terrível, perigosíssimo, que não pode ser enfrentado sem preparo e sem muito cuidado e vigilância. O diabo tem feito estragos indescritíveis na vida de milhões de pessoas, tem derrubado e escravizado nações inteiras. Ele mantém nas trevas da mais intensa e densa cegueira povos e tribos. Suscita guerras sangrentas e promove a matança de muitos inocentes. Engendra intrigas que deságuam em atrocidades abomináveis e em verdadeiras chacinas humanas. Fomenta e insufla ideias corrosivas, criado filosofias pervertidas que doutrinam as massas ignaras e incautas, tornando-as massa de manobra em suas mãos, prontas para executarem o que ele deseja. Destrói vidas e fomenta o *boom* de ideias que alcançam popularidade e doutrinam as pessoas a banirem da mente os valores de Deus e o próprio conceito de um Deus pessoal e Todo-poderoso. Ele tem se infiltrado na mídia, no teatro, nas artes, na música e despejado todo o seu veneno mortal, derramando-o goela abaixo das pessoas, empanturrando-as com esse esgoto do inferno, destruindo, assim, vidas preciosas e famílias inteiras.

4. Nosso inimigo é sedutor (v. 4,9)

Em primeiro lugar, vemos o relato da sedução do dragão no mundo angelical: *A sua cauda arrasta a terça parte das estrelas do céu, as quais lançou para a terra...* (v. 4).

A Bíblia não deixa claro quanto tempo levou para que o querubim da guarda, o anjo de luz, o sinete da perfeição, começasse esse processo de iniquidade em seu coração. Ele era perfeito nos seus caminhos desde o dia em que fora criado, até que se achou iniquidade nele (Ezequiel 28:15). Não sabemos quanto tempo durou a sua obediência. Não podemos mensurar a extensão desse tempo entre a sua criação e a sua queda. Sabemos, todavia, que a queda no mundo angelical precedeu a queda do homem. Também não temos informações bíblicas sobre as estratégias que esse anjo de luz usou para seduzir outros anjos. O certo é que, pela sua astúcia, ele conseguiu enredar muitos anjos, que com ele foram expulsos do céu (Apocalipse 12:4). Esses anjos não guardaram o seu estado original; antes, abandonaram o seu próprio domicílio, razão pela qual Deus os guardou sob trevas, em algemas eternas, para o juízo do grande dia (Judas 6). Se a interpretação de Apocalipse 12:4 for literal quanto aos números, somos informados de que o dragão arrastou consigo, em sua queda, um terço dos anjos criados por Deus. Anjos tornaram-se em demônios. Espíritos ministradores a serviço de Deus (Hebreus 1:14) tornaram-se em vassalos do diabo e instrumentos malignos de perversão. Anjos valorosos em poder, que executavam as ordens de Deus e obedeciam à sua palavra (Salmos 103:20), agora se transformaram em forças espirituais do mal, a cumprir os nefandos propósitos de Satanás.

Em segundo lugar, o dragão é chamado de sedutor de todo o mundo: *E foi expulso o grande dragão, a antiga serpente, que se chama diabo e Satanás, o sedutor de todo o mundo...* (Apocalipse 12:9). Ele foi o protagonista da queda do homem lá no jardim do Éden. Ele usou sua astúcia para enganar Eva, derrubar Adão e precipitar toda a raça humana num estado de depravação total. O diabo se valeu de várias armas:

Disfarce

Ele apareceu a Eva na figura de uma serpente (Gênesis 3:1). Parece-nos que, antes da queda do homem e do juízo de Deus sobre a serpente, esse réptil não era o animal repugnante que é hoje. O diabo foi conversar com Eva de forma disfarçada. Ele não mostrou de imediato sua cara. Ele não colocou logo de início as suas unhas de fora. Ele chegou de mansinho. Ele se aproximou com sagacidade.

Dúvida

Ele colocou em dúvida a Palavra de Deus. Ele questionou a veracidade da Palavra de Deus. É assim que Deus disse: Não comereis de toda árvore do jardim? (Gênesis 3:1). Ainda hoje o diabo tem usado com muita astúcia essa estratégia. Muitos homens, em nome da ciência, em nome da cultura refinada, têm colocado em dúvida a Palavra de Deus. Essa antiga e sagaz serpente já entrou em muitos seminários e colocou em dúvida a veracidade das Escrituras. Muitas denominações já foram seduzidas e caíram nessa armadilha demoníaca, aceitando a inoculação desse veneno mortal da antiga serpente.

Inversão sutil da Palavra de Deus

Ele disse [...] *Não comereis de toda árvore do jardim?* (Gênesis 3:1). Veja, a ordem de Deus era: ... *De toda árvore do jardim comerás livremente* (Gênesis 2:16). Onde Deus diz sim, o diabo coloca um não. Onde Deus diz não, o diabo coloca um sim. Ele é opositor de Deus e inimigo do homem, e por isso usa essa cilada de inverter a palavra dada por Deus.

Chamou Deus de mentiroso

Então, a serpente disse à mulher: É certo que não morrerás (Gênesis 3:4). A serpente diz a Eva que a Palavra de Deus não merece crédito. O diabo sugere que Deus não fala sério. Ele contradiz a palavra dada por Deus e garante que ele não vai cumprir a ameaça que prometeu. Ele insinua a Eva que é bobagem esse negócio de temer a Deus e acreditar na veracidade da sua palavra.

Colocou Eva num pedestal de glória

Ele argumentou: *Porque Deus sabe que no dia em que dele comerdes se vos abrirão os olhos e, como Deus, sereis conhecedores do bem e do mal* (Gênesis 3:5). A serpente mexeu com o sentimento de grandeza de Eva. Instilou nela o complexo de superioridade. Sugeriu que ela poderia ser uma pessoa muito mais importante do que estava sendo. Eva caiu pela mesma razão que levou o diabo a cair: soberba, orgulho, mania de grandeza, ausência de satisfação com o que recebeu de Deus.

Acusou Deus de tirania (Gênesis 3:5)

A serpente disse para Eva que ela era uma pobre criatura miserável e infeliz naquele jardim. Deus não a amava, por isso a havia privado de coisas tão maravilhosas. Eva deveria romper sua dependência de Deus e conhecer o outro lado da vida, experimentando um horizonte mais largo, cheio de delícias e prazer. O diabo disse para Eva que ela estava muito aquém de suas possibilidades. Ela poderia ser igual a Deus, mas estava vivendo subjugada pela tirania divina.

Usou para concupiscência dos olhos, a concupiscência da carne e a soberba da vida

A Bíblia diz: *Vendo a mulher que a árvore era boa para se comer, agradável aos olhos e árvore desejável para dar entendimento, tomou-lhe do fruto e comeu e deu também ao marido, e ele comeu* (Gênesis 3:6). Eva foi atraída pelos olhos. Ela caiu porque viu. O desejo dos olhos foi um laço para os seus pés. Ela caiu porque desejou o proibido. Ela flertou e cobiçou o que Deus havia restringido. Ela naufragou porque a soberba lhe subiu à cabeça. Ela quis ser mais do que era e ter mais do que Deus já lhe havia concedido. Assim, o diabo, com sua mentira (João 8:44) e pecado (1João 3:8), arrastou a raça humana para uma queda trágica. Ele pecou no céu e na terra. Ele seduziu no céu e na terra. Ele derrubou anjos e homens.

5. Nosso inimigo é acusador

... *pois foi expulso o acusador de nossos irmãos, o mesmo que os acusa de dia e de noite, diante do nosso Deus* (v. 10).

O significado da palavra "diabo" é acusador, caluniador. A essência de sua natureza é falsear a verdade, pois ele é o pai da mentira e, com essa arma, acusa e calunia as pessoas, da mesma forma que fez com o patriarca Jó. Aquele servo de Deus tinha uma vida irrepreensível. A descrição que dele temos na Bíblia é que ele era um *homem íntegro e reto, temente a Deus e que se desviava do mal* (Jó 1:1). O próprio Deus declara que ninguém havia na terra semelhante a ele (Jó 1:8). Contudo, esse astuto caluniador o acusou de servir a Deus com segundas intenções e por interesses financeiros

(Jó 1:9,10). Jó é acusado de servir a Deus por amor ao dinheiro. Jó é acusado de andar mais atrás das bênçãos de Deus do que do Deus das bênçãos. Jó é acusado de ser um religioso egocêntrico, interesseiro, insincero e hipócrita. O caluniador tentou jogar Deus contra Jó e levar Jó a se decepcionar com Deus. Mas tudo que ele conseguiu foi colocar Jó mais perto de Deus, mais humilde, mais quebrantado e duplamente próspero (Jó 42:10). O texto de Apocalipse 12:10 assim se expressa acerca desse ardiloso acusador: ... *pois foi expulso o acusador de nossos irmãos, o mesmo que os acusa de dia e de noite, diante do nosso Deus.* Vemos aqui três coisas:

a) O diabo é o acusador de nossos irmãos. Ele não acusa quem já é dele e está debaixo do seu poder. Ele acusa os que saíram do seu domínio. Ele procura macular a honra dos filhos de Deus. Ele intenta contra os eleitos de Deus. Ele lança seus dardos inflamados contra os membros do corpo de Cristo.

b) Sua acusação não tem pausa. Ele acusa os nossos irmãos de dia e de noite. O diabo é teimoso. Ele não desiste. Ele tem uma obsessão doentia: acusar-nos.

c) Ele nos acusa diante de Deus. Ele tem a ousadia, a audácia e a petulância de nos acusar diante do próprio Deus que nos salvou. Mas ele não encontra acolhida em suas acusações, pois o próprio Deus foi quem nos perdoou e nos justificou pelo sangue do seu Filho. Agora já nenhuma condenação há para aqueles que estão em Cristo Jesus.

6. Nosso inimigo é opositor, adversário
E foi expulso [...] Satanás... (v. 9).

Esse vetusto e terrível inimigo é chamado de Satanás, que significa adversário, opositor. Satanás é o grande opositor de Deus e do seu povo. Foi ele quem, servindo-se dos magos, se opôs a Moisés e Arão no Egito (Êxodo 7:20-22; 8:6,7,16-18). Foi ele quem se opôs ao sumo sacerdote Josué, quando este estava diante do anjo do Senhor (Zacarias 3:1). Foi ele quem se opôs a Paulo e barrou-lhe o caminho, quando o apóstolo quis visitar a igreja de Tessalônica (1Tessalonicenses 2:18). Satanás é nosso inimigo consumado. Tudo que ele faz é para nos atingir. Seu grande intento é colocar-se na contramão da vontade de Deus e impedir a felicidade do seu povo. Para isso, ele arregimenta todas as suas falanges e emprega todo o seu arsenal, usando todos os seus estratagemas. Ele é um inimigo supraterreno, sobrenatural, perigosíssimo. Ele possui muitas táticas e um séquito perverso debaixo de seu comando. É contra ele e suas hostes que devemos lutar.

7. Nosso inimigo está cheio de cólera (v. 12)

... Ai da terra e do mar, pois o diabo desceu até vós, cheio de grande cólera... (Apocalipse 12:12).

Esse inimigo da nossa alma não conhece o que é viver em paz. Ele está sempre encolerizado. Está sempre soltando fogo pelas ventas, ainda que, muitas vezes, dissimulando. Está continuamente ruminando sua raiva destruidora. Jesus disse que ele foi homicida desde o princípio (João 8:44). Seu objetivo primordial é roubar, matar e destruir (João 10:10). Por isso, João lança um "ai" de dor para a terra e o mar, pois esse inimigo figadal está vivo e ativo no planeta Terra. João adjetiva a cólera do adversário: é uma *grande* cólera. Ele está possesso de cólera, dominado pelo ódio. Ele é um leão furioso. Está rangendo seus dentes, alimentando-se da sua própria cólera, buscando avidamente vidas para devorar.

8. Nosso inimigo é perseverante (v. 4,13)

Depois de arrastar consigo um terço dos anjos, ele se lançou com ímpeto contra o propósito de Deus de trazer ao mundo o messias que haveria de lhe esmagar a cabeça (Gênesis 3:15). *... e o dragão se deteve em frente da mulher que estava para dar à luz, a fim de lhe devorar o filho quando nascesse* (Apocalipse 12:4). Ao longo da história, o dragão tentou impedir o cumprimento da profecia do nascimento de Jesus de várias formas:

- Ele suscitou Caim para matar Abel.

- Ele corrompeu uma geração inteira, mas Deus salvou uma família piedosa no dilúvio, dando reinício à povoação da terra.

- Ele tentou destruir o povo hebreu no deserto, sabendo que o messias viria dos judeus.

- Ele, tendo conhecimento de que o messias seria descendente de Davi segundo a carne (Romanos 1:3), possuiu a Saul, que por sua vez intentou diversas vezes matar a Davi.

- Ele despertou a cruel Atalia para matar os descendentes do trono de Judá, sabendo que assim obstruiria o cumprimento da promessa de Deus; o Senhor, entretanto, miraculosamente salvou a vida de Joás, que começou a reinar aos 7 anos de idade (2Crônicas 22:10,11).

- Foi o diabo quem, intentando matar as crianças de Belém e desse modo assassinar também a Jesus, soprou no coração do ciumento e perverso Herodes.

- Foi o diabo quem, pensando em levar Jesus à cruz, entrou em Judas, incitando-o a trair seu mestre.

O diabo conspirava dessa maneira, porque julgava que na cruz aniquilaria a Cristo. Mas a morte do messias, longe de ser vitória para o diabo, foi a derrota consumada do inimigo. Foi na cruz que Jesus esmagou a cabeça da serpente. Foi na cruz que Jesus despojou os principados e potestades, expondo-os publicamente ao desprezo, triunfando assim sobre eles (Colossenses 2:15). A cruz, longe de ser sinal de derrota, é o estandarte da vitória de Cristo e do seu povo.

Entretanto, quando percebeu que não lograra êxito ao lutar contra o Senhor da igreja, o diabo virou as suas armas contra a própria igreja do Senhor. Ele semeia seus filhos no meio da igreja (Mateus 13:38,39); ele furta a palavra do coração quando esta é anunciada (Lucas 8:12); ele põe santos em prisão (Apocalipse 2:10); foi ele quem barrou o caminho de Paulo para que o apóstolo não visitasse a igreja de Tessalônica (1Tessalonicenses 2:18); foi ele quem se empenhou em fazer Pedro cair (Lucas 22:31); foi ele quem colocou no coração de Judas o plano perverso de trair a Jesus (João 13:2); foi ele quem levou Ananias e Safira a mentirem ao Espírito Santo (Atos 5:3). Nosso inimigo não dorme, não tira férias; sua perseguição contra a igreja não tem trégua.

9. Nosso inimigo é limitado (v. 7-9,12,13,16)

O diabo é um inimigo vencido. Ele foi expulso do céu e derrotado na terra. Na cruz, Jesus o golpeou, esmagando-lhe a cabeça, despojando-o, tirando-lhe a armadura, expondo-o ao desprezo. Há três aspectos em que observamos a limitação do diabo:

> a) *Limitação de espaço* (v. 8,9,13). O dragão não encontrou mais lugar no céu. Ele foi expulso de lá. O céu não é mais o seu *habitat*. Ele não pode mais tentar ninguém que está no céu. Ele *foi atirado para a terra, e, com ele, os seus anjos* (Apocalipse 12:9). Agora ele é o deus deste mundo (2Coríntios 4:4). Agora ele atua nos filhos da desobediência (Efésios 2:2). Seu espaço de ação foi restringido. Ele é um inimigo limitado. Só Jesus tem todo o poder e toda a autoridade no céu e na terra (Mateus 28:18).
>
> b) *Limitação de tempo* (v. 12). ... *festejai, ó céus, e vós, os que nele habitais. Ai da terra e do mar, pois o diabo desceu até vós, cheio de grande cólera, sabendo que pouco tempo lhe resta*. O diabo é uma serpente golpeada na cabeça que está furiosa, no estertor da morte, sabendo que pouco tempo lhe resta e que sua sentença já foi lavrada. Em breve ele será esmagado debaixo dos pés da igreja (Romanos 16:20). Em breve ele será lançado no lago de fogo, onde passará toda a eternidade. *O diabo, o sedutor deles, foi lançado para dentro do lago*

de fogo e enxofre, onde já se encontram não só a besta como também o falso profeta; e serão atormentados de dia e de noite, pelos séculos dos séculos (Apocalipse 20:10).

c) *Limitação de poder* (v. 7,8,16). Muitas pessoas hoje estão obcecadas pela demonologia, superdimensionando o poder do diabo. Há outros que beiram a terrível heresia de achar que o diabo é um deus caído que tem todo o poder. O diabo é apenas um anjo caído. Ele jamais deixou de ser uma criatura. Ele nunca possuiu e jamais possuirá os atributos de Deus, como onipotência, onisciência, onipresença, infinitude, imensidão, autoexistência, eternidade e imutabilidade. O diabo não é páreo para Deus. Deus é único, singular, absoluto. Não há termos de comparação entre o poder de Deus e o poder do diabo. É por isso que você não encontra Jesus lutando contra o diabo nessa peleja no céu, mas é o arcanjo Miguel e seus anjos que lutam contra o diabo e seus anjos caídos (Apocalipse 12:7). Nessa conflagração no céu, o diabo e suas hostes foram derrotados e não puderam prevalecer contra os anjos de Deus, capitaneados por Miguel (Apocalipse 12:8). Atirado para a terra, o diabo foi despojado, amarrado e vencido por Jesus. Na cruz, Jesus não apenas o derrotou, mas também o expôs ao desprezo. O dragão foi vencido no céu e derrotado na terra. Jesus se manifestou para destruir as obras do diabo (1João 3:8).

A INTERVENÇÃO DE DEUS EM FAVOR DA IGREJA NESTA BATALHA CONTRA O DRAGÃO

Encontramos neste texto de Apocalipse 12 três formas de Deus intervir nessa batalha contra o dragão, concedendo retumbante vitória à igreja.

1. Livramento providencial (v. 6:14,16)

Por mais intenso, pertinaz e terrível que seja o ataque do dragão contra a igreja, ela jamais será destruída. A igreja de Deus é indefectível. Nenhum poder no céu ou na terra pode acabar com a igreja. Ela é o corpo de Cristo. As portas do inferno jamais prevalecerão contra ela (Mateus 16:18). Nos versículos em apreço, vemos que Deus sempre prepara um lugar de refúgio para a igreja quando o diabo, usando sua fúria e manejando suas armas, busca torpedeá-la. *A mulher, porém, fugiu para o deserto, onde lhe havia Deus preparado lugar para que nele a sustentem...* (Apocalipse 12:6,14). Deus não promete à igreja ausência de luta, mas proteção certa e vitória segura. Ainda que o dragão derrame contra a igreja todo o seu ódio, como torrentes caudalosas, essas águas encapeladas da sua fúria jamais a submergirão (Apocalipse 12:16).

2. Ministério dos anjos (v. 7,8)

A Bíblia diz que os anjos são valorosos em poder. Eles executam as ordens de Deus e obedecem à sua palavra (Salmos 103:20). Nós não podemos enfrentar essa batalha espiritual na força do braço humano. O diabo e seus asseclas são anjos caídos. Eles são supraterrenos e sobre-humanos. Precisamos ser auxiliados pelo ministério dos anjos de Deus. Eles foram enviados a Sodoma e Gomorra para derramar o juízo de Deus sobre aquelas cidades impenitentes. Eles foram enviados para proteger Eliseu contra o entrincheiramento dos exércitos sírios. A Bíblia diz que o anjo do Senhor acampa-se ao redor dos que o temem e os livra (Salmos 34:7). Foi o anjo do Senhor quem lutou com Jacó em Peniel para levá-lo ao quebrantamento. Foi o anjo do Senhor quem desbaratou os exércitos provocantes de Senaqueribe, armados até os dentes, prontos para invadir Jerusalém. Foi o anjo do Senhor quem tirou o poder destruidor da fornalha de fogo ardente e livrou Mesaque, Sadraque e Abede-Nego da morte iminente. Foi o anjo do Senhor quem fechou a boca dos leões e tirou Daniel daquela cova da morte. Foi o anjo do Senhor quem tirou Pedro da prisão máxima de Herodes, rompendo suas algemas e dando-lhe extraordinário livramento. Foi o anjo do Senhor quem trouxe alento a Paulo naquele apavorante naufrágio em sua viagem para Roma. A Bíblia diz que os anjos são *espíritos ministradores*, enviados para serviço, a favor dos que *hão de herdar a salvação* (Hebreus 1:14). Eles estão sempre servindo à igreja de Deus. Nós não os vemos, pois eles são espíritos, mas eles são reais e estão vivos e ativos numa labuta intérmina e gloriosa, defendendo-nos, livrando-nos, guardando-nos. Assim como Daniel recebeu resposta às suas orações, depois de vinte e um dias de jejum, pela intervenção do arcanjo Miguel na batalha espiritual nas regiões celestes (Daniel 10:12-14), assim também, ainda hoje, os anjos são ministros de Deus em nosso favor.

3. A intercessão de Jesus (v. 5)
... E o seu filho foi arrebatado para Deus até ao seu trono (Apocalipse 12:5).

Que implicação tem o fato de Jesus ter sido arrebatado até o trono? A Bíblia diz que, quando Jesus consumou a obra da nossa redenção na cruz, morrendo pelos nossos pecados e ressuscitando para a nossa justificação, ele foi assunto aos céus e assentou-se à destra do Pai, acima de todo principado e potestade. Mas qual é o ministério que Jesus exerce hoje no céu? É o ministério da intercessão pelos seus eleitos. A intercessão de Jesus é eficaz (João 11:41,42). Ele vive para interceder por nós (Hebreus 7:25). Em face da sua intercessão, é impossível que as acusações do diabo encontrem qualquer eco (Romanos 8:34). A intercessão de Jesus não é um pedido vazado apenas pela compaixão, mas ele apresenta ao Pai a virtude do seu sangue, os méritos infinitos da sua morte vicária e a vitória indiscutível da sua ressurreição em nosso favor. Por isso, ainda que o inferno inteiro se levante contra a igreja, ela sairá vitoriosa, porque aquele que esmagou a cabeça da serpente e venceu o diabo é o seu salvador, marido, senhor, dono, juiz e rei. Assim como a intercessão de Jesus por Pedro o livrou de cair na trama ardilosa de Satanás (Lucas 22:31,32), a poderosa e eficaz intercessão de Jesus, também hoje, nos garante triunfo sobre as hostes malignas.

AS ARMAS DA VITÓRIA NA BATALHA ESPIRITUAL

1. Eles venceram o diabo por causa do sangue do cordeiro (v. 11)

As armas da nossa milícia não são carnais (2Coríntios 10:4). Contra o diabo não adianta medir força física. Contra seu exército não adianta usar tanques de guerra, nem mísseis balísticos com ogivas nucleares. Não podemos destruir suas fortalezas e anular seus sofismas com armas humanas. A única maneira de vencer o diabo é saindo a campo com as armas certas. *Eles, pois, o venceram por causa do sangue do cordeiro...* (Apocalipse 12:11).

A morte de Cristo é a nossa vitória. O sangue do cordeiro de Deus é a nossa arma segura de vitória contra o diabo. Jesus morreu pelos nossos pecados (1Coríntios 15:3). Ele, que não conheceu pecado, foi feito pecado por nós (2Coríntios 5:21). O salário do pecado é a morte (Romanos 6:23). Por isso, quando Cristo se fez pecado por nós, a lei exigiu sua morte, e ele morreu por nós, em nosso lugar, vicariamente. Quando Jesus estava na cruz, Deus fez cair sobre ele a iniquidade de todos nós (Isaías 53:6). Ali, naquele palco em que Deus demonstrou seu infinito amor ao pecador e seu terrível e consumado ódio ao pecado, Jesus sorveu sozinho o cálice amargo do juízo divino.

Não há remissão de pecado sem derramamento de sangue. Mas sangue de bodes e carneiros não pode expiar pecados. Então, no plano eterno de Deus, segundo o conselho da Trindade, Jesus vem ao mundo como o cordeiro de Deus que tira o pecado do mundo (João 1:29). Ele, agora, é o sacerdote e o sacrifício, o que oferece a oferta e a própria oferta. Com sua morte ele quitou a nossa dívida. Com o seu sangue derramado ele nos purificou (1João 1:7), reconciliando-nos no santo dos santos, pois o véu do templo, com sua morte, foi rasgado; agora, temos livre acesso à presença de Deus. Sendo assim, nenhuma condenação há para aqueles que estão em Cristo Jesus (Romanos 8:1). Agora estamos quites com as exigências da lei de Deus, pois estávamos em Cristo na sua crucificação, morte, sepultamento e ressurreição (Romanos 6:1-14). Agora todas as demandas da justiça de Deus em relação a nós, seu povo, foram cumpridas. Por isso, o diabo não pode mais nos derrotar, pois não há mais base legal para ele nos acusar diante de Deus.

Mais do que isso, o sangue do cordeiro não é apenas uma arma de proteção e defesa, mas sobretudo uma arma de ataque. Sempre que o diabo investir contra nós, devemos afastá-lo e derrotá-lo com essa arma poderosa do sangue do cordeiro. Assim como o sangue nas vergas das portas livrou os primogênitos da matança naquela noite fatídica no Egito, assim também o sangue de Jesus é o sinal de diferença que nos separa daqueles que estão sob o poder das trevas e a garantia da nossa proteção contra os ataques do inimigo.

2. Eles o venceram por causa da palavra do testemunho (v. 11)

Eles, pois, o venceram [...] por causa da palavra do testemunho que deram e, mesmo em face da morte, não amaram a própria vida (Apocalipse 12:11).

Precisamos entender aqui uma tremenda lição. Aqueles que venceram o diabo, muitas vezes, tombaram mortos no campo de batalha, martirizados. A igreja vitoriosa e gloriosa é uma igreja com as suas roupas tintas de sangue. Ela não foi poupada da morte, mas venceu pela morte. Ela, não amando a própria vida, mas olhando para a vida maiúscula, superlativa e eterna, para a cidade celestial, enfrentou com galhardia e desassombro a própria morte, triunfando assim sobre o diabo. A igreja de Deus é uma igreja de mártires. A palavra "testemunho" significa mártir. Pertencer à igreja de Cristo é estar disposto a se tornar mártir, a não amar a própria vida para ganhar a verdadeira vida. Jesus disse: *Quem acha a sua vida perdê-la-á; quem, todavia, perde a vida por minha causa achá-la-á* (Mateus 10:39).

Muitos, em face da morte, negaram a Jesus, apostataram e se curvaram, vendidos pelo diabo. Mas a igreja comprada pelo sangue do cordeiro enfrentou, enfrenta e enfrentará a morte com destemor; mesmo morrendo, se preciso for, por causa do evangelho, ela sai vitoriosa dessa pugna. Não foram poucas as vezes que o diabo levantou sérias e implacáveis perseguições contra a igreja. Nos primeiros três séculos da era cristã, imperadores como Nero, Domiciano, Marco Aurélio, Décio e Diocleciano insurgiram-se contra a igreja, no afã de esmagá-la e destruí-la. Porém, quanto mais o sangue dos mártires regava a terra, mais a igreja florescia com pujança e vigor.

No ano 70 d.C., Tito Vespasiano entrincheirou Jerusalém, arrasando a cidade desde os seus fundamentos. Queimou o seu glorioso templo, não ficando pedra sobre pedra, matando a fio de espada milhares de judeus e crucificando outros tantos. Esse mesmo imperador construiu em Roma o Coliseu. Na festa de inauguração, com duração de cem dias, ele promoveu a morte de dez mil pessoas. Muitos cristãos foram mortos pelos esfaimados leões da Líbia, outros foram pisoteados pelos touros enfurecidos, outros ainda foram enrolados em peles de animais e lançados na arena para os cães ferozes morderem. Os cristãos suportaram sofrimentos atrozes. Mas eles morriam cantando, tombavam ensanguentados, mas radiantes e firmes em Jesus. Mesmo em face da morte, não amavam a própria vida e, assim, venciam o diabo por causa da palavra do testemunho.

Apocalipse 13:7 nos fala sobre o ataque vitorioso do anticristo sobre os santos. Em que sentido os santos, que são vencedores, são vencidos? É que o diabo e seus agentes vão levá-los ao sofrimento, à morte e ao martírio. Contudo, essa aparente vitória será pura perda para o diabo. Pois a palavra do testemunho é uma arma poderosa que a igreja tem para derrotar o diabo. Todas as vezes que o cristão prefere a morte ao pecado, mesmo morrendo, vence a Satanás.

Mas a palavra do testemunho com a qual a igreja vence o diabo significa também a pregação fiel e ousada da mensagem da redenção em Cristo. Quando a igreja anuncia a velha e sempre atual mensagem da cruz, ela triunfa sobre o inferno. É por isso que Satanás se opõe tanto à mensagem da cruz. Ele usou Pedro para tentar desviar Jesus da cruz (Mateus 16:21-23). Ele tem inspirado muitas teologias liberais que se envergonham do evangelho da cruz. O diabo não suporta a cruz de Cristo, porque foi nela que Jesus triunfou sobre ele (Colossenses 2:15). É na cruz do nosso Senhor Jesus Cristo que devemos gloriar-nos (Gálatas 6:14). É a cruz de Cristo que devemos sempre anunciar (1Coríntios 1:18-25). É com o estandarte da cruz que havemos de vencer Satanás. Diante de tão estupenda vitória, não poderíamos encerrar este capítulo de outra forma senão unindo nossa voz ao coro celestial que festeja e celebra o triunfo de Cristo e a conquista da nossa eterna redenção:

Então, ouvi grande voz do céu, proclamando: Agora, veio a salvação, o poder, o reino do nosso Deus e a autoridade do seu Cristo, pois foi expulso o acusador de nossos irmãos, o mesmo que os acusa de dia e de noite, diante do nosso Deus. Eles, pois, o venceram por causa do sangue do cordeiro e por causa da palavra do testemunho que deram e, mesmo em face da morte, não amaram a própria vida. Por isso, festejai, ó céus, e vós, os que neles habitais... (Apocalipse 12:10-12).

4

O DIABO PÕE AS UNHAS DE FORA: O ANTICRISTO
(2Tessalonicenses 2:1-12; Apocalipse 13)

O DIABO SEMPRE QUIS SER IMITADOR de Deus. Por isso, na sua última cartada e na sua manifestação mais maligna e perversa, ele vai revelar-se de forma trina (a besta, o anticristo e o falso profeta). Ele vai imitar a encarnação de Jesus, valendo-se da manifestação do anticristo. Assim como Jesus é a encarnação do Logos divino, o anticristo será uma espécie de encarnação do diabo. Todavia, em sua suprema e última manifestação, ele sofrerá a mais rotunda e fragorosa derrota.

Muitos anticristos já se levantaram. Outros estão, hoje ainda enganando a muitos. Mas se levantará o anticristo. O apóstolo João escreve:

> *Filhinhos, já é a última hora; e, como ouvistes que vem o anticristo, também, agora, muitos anticristos têm surgido; pelo que conhecemos que é a última hora* (1João 2:18).

Quando o anticristo se levantará? Que tempo será esse? O tempo do fim é descrito na Bíblia por quatro sinais: apostasia, grande tribulação, revelação do anticristo e o pouco tempo de Satanás.

O PERFIL DO ANTICRISTO

Quais são as características desse personagem perverso, maligno, devastador?

1. Será um homem específico (2Tessalonicenses 2:3)

O anticristo não é uma instituição, um partido político, uma denominação religiosa, uma corrente filosófica ou ideológica. Ele não será um sistema de governo que se levantará no fim dos tempos. Ele será um homem, o grande oponente de Deus e do seu povo, o terrível adversário de Cristo, da lei de Deus e da igreja de Jesus.

O apóstolo Paulo é categórico ao afirmar que o anticristo é um homem, o homem da iniquidade (2Tessalonicenses 2:3). O apóstolo João diz que o número da besta, ou seja, do anticristo, é número de homem. Eis como ele registra esse fato: *Aqui está a sabedoria. Aquele que tem entendimento calcule o número da besta, pois é número de homem. Ora, esse número é seiscentos e sessenta e seis* (Apocalipse 13:18). O reformador João Calvino e a *Confissão de fé de Westminster* defenderam a tese de que o papa é o anticristo. Isso porque o papa usurpa o lugar do Pai, arrogando para si o título de Pai

(Mateus 23:9). Usurpa o lugar do Filho, se apresentando como a pedra fundamental da igreja e sumo pontífice, quando Jesus é o fundamento da igreja e só ele é o mediador entre Deus e os homens (1Coríntios 3:11; 1Timóteo 2:5). Também o papa usurpa o lugar do Espírito Santo, pois atribui a si mesmo o título de "Vigário de Cristo" na terra, mas esse termo "substituto de Cristo" é dado ao Espírito Santo (João 14:16; 15:26; 16:7-14).

Hoje essa tese não possui mais a mesma aceitação que nos idos dos séculos 16 e 17. O número 666 é tema de acirrados debates e de profusa diversidade de interpretação. Já conseguiram encaixar dentro desse número diversos personagens históricos, como Nero, Napoleão, Hitler etc. Entretanto, cremos que a melhor interpretação desse número é a que se baseia na própria numerologia bíblica. Três é o número completo da Trindade. Seis é o número que antecede o número perfeito, ou seja, seis é o número imperfeito. Assim, 666 é a plenitude da imperfeição. Significa dizer que o anticristo será um ser plenamente perverso, em quem estarão presentes todas as marcas da maldade.

2. Será o homem da iniquidade (2Tessalonicenses 2:3)

O apóstolo Paulo escreveu: *Ninguém, de nenhum modo, vos engane, porque isto* [a segunda vinda de Cristo] *não acontecerá sem que primeiro venha a* apostasia e seja revelado o homem da iniquidade, *o filho da perdição* (2Tessalonicenses 2:3). O homem da iniquidade, literalmente, significa o homem da ilegalidade, o homem sem lei, o homem rebelde, o homem que desafia a lei de Deus acintosa e abertamente. O profeta Daniel escreveu: ... [ele] *cuidará em mudar os tempos e a lei* (Daniel 7:25).

AS CARACTERÍSTICAS DO ANTICRISTO

1. Ele incorpora todo o poder, força e crueldade dos grandes impérios do passado (Apocalipse 13:2)

O anticristo reunirá em sua pessoa a rapidez do leopardo, a força do urso e a ferocidade do leão. Cada fera descrita aqui representa um império que dominou o mundo no passado (o leão representa o Império Babilônico, o urso representa o Império Medo-Persa e o leopardo, o Império Grego). Essas figuras foram retiradas do capítulo 7 do livro de Daniel. Na verdade o anticristo será um homem consumadamente mau, prodigiosamente conquistador.

2. Sua ascensão se dará num tempo de muita turbulência (Apocalipse 13:1)

João escreve: *Vi emergir do mar uma besta...* (Apocalipse 13:1). O que significa isso? As águas e o mar são as nações e os povos na sua turbulência (Apocalipse 17:15). Antes do levantamento do anticristo, o mundo estará em desespero, em crise sem solução, num beco sem saída. Aquela sociedade conturbada criará a atmosfera para o surgimento desse megalomaníaco e diabólico ditador mundial, que será uma espécie de encarnação de Satanás. Pelo seu grande poder articulador, pela sua destreza e colossal poder, ele vai seduzir as pessoas e conquistar as nações. Ele se levantará num contexto de grandes convulsões naturais, como terremotos e epidemias. Ele aparecerá num período de convulsão social, pois será um tempo de guerras e rumores de guerras, em que reinos se levantarão contra reinos. Será um período de profunda inquietação religiosa, quando multidões estarão dando ouvidos a falsos profetas. Será um tempo de grande apostasia, quando vão grassar no meio do povo doutrinas de demônios. Nesse tempo, a própria igreja terá uma característica bem definida: a igreja apóstata, formada por crentes apenas de rótulo, e a igreja fiel, que não se prostituiu espiritualmente, que vai sofrer o ataque infernal do anticristo, a igreja mártir.

O anticristo aparecerá como a única saída para trazer solução a essa grande aldeia mundial. Os homens, em princípio, vão aceitar de bom grado o seu governo e dizer: "Paz, paz". Na verdade, o povo aclamará qualquer um que lhe ofereça paz, assim como adoraram no passado a César, para conseguirem a "paz romana". O historiador Arnold Toynbee disse: "O mundo está pronto para endeusar qualquer novo César que consiga dar à sociedade caótica unidade e paz". Nesse tempo, as pessoas estarão desatentas às trombetas do juízo de Deus. Nesses dias sucederá como nos dias de Noé:

> Pois assim como foi nos dias de Noé, também será a vinda do Filho do homem. Porquanto, assim como nos dias anteriores ao dilúvio comiam e bebiam, casavam e davam-se em casamento, até ao dia em que Noé entrou na arca, e não o perceberam, senão quando veio o dilúvio e os levou a todos, assim será também a vinda do Filho do homem (Mateus 24:37-39).

3. Ele agirá no poder de Satanás (Apocalipse 13:2,4; 2Tessalonicenses 2:9,10)

Como o anticristo se manifestará?

Em primeiro lugar, o anticristo vai manifestar-se com um grande milagre (Apocalipse 13:3). Ele vai distinguir-se como uma pessoa sobrenatural, por um ato que será um simulacro da ressurreição. Mais uma vez o diabo tenta imitar a Cristo. O anticristo vai reviver de um golpe mortal. Após isso, o mundo o seguirá.

Em segundo lugar, ele vai realizar estupendos milagres. O apóstolo Paulo alerta: *Ora, o aparecimento do iníquo é segundo a eficácia de Satanás, com todo poder, e sinais, e prodígios da mentira* (2Tessalonicenses 2:9). Hoje vivemos numa sociedade que corre atrás de milagres. É um povo que busca sinais. As pessoas são facilmente enganadas, pois ingenuamente acreditam que todo milagre procede de Deus. Aceitam como verdade divina tudo aquilo que foge do natural. É verdade que Deus faz milagres, mas nem todo milagre é Deus quem faz. O diabo também opera sinais e prodígios. O anticristo virá na força de Satanás operando grandes milagres. Muitos crentes nominais cairão no seu laço por andarem ávidos por sinais.

Em terceiro lugar, o anticristo vai ditar e disseminar falsos ensinos (2Tessalonicenses 2:11). Nesse tempo os homens não suportarão a sã doutrina (2Timóteo 4:3), mas obedecerão a espíritos enganadores e a ensinos de demônios (1Timóteo 4:1). Vivemos hoje numa grande babel doutrinária. Não apenas proliferam seitas heréticas, demoníacas e perigosas, mas até mesmo os grupos chamados evangélicos estão vivendo uma grande confusão hermenêutica e ética. Muitas igrejas têm deixado de lado as Escrituras e pregado outro evangelho, um evangelho humanista, centrado no homem. Muitas igrejas, em nome da piedade e da espiritualidade, têm vivido um misticismo híbrido, encharcado de sonhos, visões, revelações novas, forâneas às Escrituras e a elas contraditórias. Muitos segmentos seguem seus guias espirituais, e não mais as verdades absolutas e inerrantes da palavra.

Em quarto lugar, o anticristo vai governar na força de Satanás. O apóstolo João escreve: ... *E deu-lhe o dragão o seu poder, o seu trono e grande autoridade* (Apocalipse 13:2). O anticristo vai receber de Satanás o seu trono. Isso significa que seu governo vai ser universal. Satanás é o príncipe deste mundo. O mundo inteiro jaz no maligno. Aquele reino que Satanás ofereceu a Cristo, o anticristo o aceitará. Ele vai dominar sobre todas as nações. ... *Deu-se-lhe ainda autoridade sobre cada tribo, povo, língua e nação* (Apocalipse 13:7). O governo universal do anticristo vai ser extremamente cruel e controlador (Apocalipse 13:16,17). Seu governo será humanamente irresistível. Seu poder vai ser tão forte que em toda a terra as pessoas vão perguntar: *... Quem é semelhante à besta? Quem pode pelejar contra ela?* (Apocalipse 13:4).

4. Ele será objeto de adoração em toda a terra (Apocalipse 13:3,4,8,12; 2Tessalonicenses 2:4)

O mundo hodierno já está ensaiando essa adoração aberta que prestará ao anticristo e a Satanás. Cresce assustadoramente o número de adeptos da adoração ao diabo nestes dias. O ocultismo está em alta. As seitas esotéricas alargam suas fronteiras com grande desenvoltura. A chamada *Nova Era* proclama a chegada de um tempo, em que o homem vai curvar-se diante do grande líder mundial. Muitos hoje já estão comprometidos com o satanismo. Aqueles que adoram e servem aos ídolos, em última instância, estão servindo aos próprios demônios (1Coríntios 10:19,20). Aqueles que, no afã de conversar com os espíritos dos mortos, procuram o espiritismo, estão prestando adoração aos espíritos enganadores. Aqueles que correm para os terreiros de umbanda, para tomar passes, fazer despachos e receber os espíritos, estão, na verdade, sendo incorporados por seres demoníacos, prestando adoração ao diabo. Aqueles que entulham os seus ouvidos com a música *rock de grupos reconhecidamente satânicos*, em geral, estão dobrando-se diante de Satanás, pois a maioria dessas músicas é composta por inspiração satânica, possuem letras satânicas e são feitas para glorificar Satanás. Daí o forte apelo que essas músicas têm em relação ao consumo de drogas, à prática libertina do sexo e à veneração a Satanás.

Quando o anticristo surgir no cenário mundial, ele se insurgirá contra toda adoração que não seja a ele e ao diabo. Ele vai opor-se a levantar-se contra tudo que se chama Deus ou é objeto de culto (2Tessalonicenses 2:4). Ele se assentará no templo de Deus, como Deus, fazendo-se passar por Deus. Ele vai usurpar a honra e a glória só devidas a Deus.

Sua adoração será universal. O apóstolo João declara:

e adorá-la-ão todos os que habitam sobre a terra, aqueles cujos nomes não foram escritos no livro da vida do cordeiro que foi morto desde a fundação do mundo (Apocalipse 13:8).

Todas as pessoas que não tiverem o selo de Deus, que estiverem fora do abrigo do sangue do cordeiro, fora da arca da salvação, se prostrarão diante desse abominável representante de Satanás. Os ateus, os pagãos, os religiosos nominais, enfim, todos aqueles que não nasceram de novo vão adorar a besta.

Esse tempo será de muita angústia, pois o anticristo perseguirá de forma cruel aqueles que se recusarem a adorá-lo. Apocalipse registra: ... *fizesse morrer quantos não adorassem a imagem da besta* (Apocalipse 13:15). A igreja de Cristo nessa época será uma igreja mártir (Apocalipse 13:7). A igreja vai vencer o dragão e seu máximo representante com as armas do sangue do cordeiro e a palavra do testemunho, ou seja, os cristãos verdadeiros vão preferir morrer a adorar o anticristo.

O grande e último plano do anticristo é levar seus súditos a adorarem a Satanás. Está escrito: *... e toda a terra se maravilhou, seguindo a besta; e adoraram o dragão porque deu a sua autoridade à besta...* (Apocalipse 13:3,4). Esse será o período da grande apostasia. Nesse tempo, de forma superlativa, os homens não suportarão a verdade de Deus e obedecerão a ensinos de demônios.

5. Ele fará oposição aberta a Deus e à igreja de Cristo (Apocalipse 13:6,7; 2Tessalonicenses 2:4)

O anticristo será um opositor consumado de Deus. O profeta Daniel escreve: *Proferirá palavras contra o altíssimo...* (Daniel 7:25); ... *contra o Deus dos deuses falará coisas incríveis...* (Daniel 11:36). O apóstolo Paulo diz que ele *se opõe e se levanta contra tudo que se chama Deus ou é objeto de culto, a ponto de assentar-se no santuário de Deus, ostentando-se como se fosse o próprio Deus* (2Tessalonicenses 2:4). O apóstolo João declara: *e abriu a boca em blasfêmias contra Deus, para lhe difamar o nome...* (Apocalipse 13:6). Diz ainda: ... *Este é o anticristo, o que nega o Pai e o Filho* (1João 2:22). O anticristo vai usar todas as suas armas para ridicularizar o nome de Deus. Ele vai fazer chacota com o nome do altíssimo. Ele vai tentar banir da mente das pessoas a ideia do Deus Todo-poderoso. Ele vai escarnecer da religião cristã. Ele será a síntese e o extrato mais venenoso do ódio do diabo contra Deus e seu povo.

Ele fará também violenta e esmagadora oposição contra a igreja de Cristo. O profeta Daniel é claro: ... *magoará os santos do altíssimo e cuidará em mudar os tempos e a lei; e os santos lhe serão entregues nas mãos...* (Daniel 7:25). Ele fará guerra contra os santos e prevalecerá contra eles (Daniel 7:21), ou seja, muitos santos serão perseguidos e mortos pelo anticristo. Entretanto, mediante a morte, os santos vencerão o dragão e seu perverso agente (Apocalipse 12:11). Essa mesma ideia é registrada pelo apóstolo João: *Foi-lhe dado, também, que pelejasse contra os santos e os vencesse...* (Apocalipse 13:7). Na verdade, o anticristo se levantará contra a igreja, contra o culto e contra toda expressão de fidelidade a Deus. Esse será o ponto mais intenso da grande tribulação (Mateus 24:15-22).

A MANIFESTAÇÃO DO ANTICRISTO

Dois fatos são aqui expostos:

1. Sua presente dissimulação e futura revelação (2Tessalonicenses 2:6-8)

O apóstolo Paulo diz que o anticristo está sendo detido por *algo* (v. 6) e por *alguém* (v. 7):

> *E, agora, sabeis o que o detém, para que ele seja revelado somente em ocasião própria. Com efeito, o mistério da iniquidade já opera e aguarda somente que seja afastado aquele que agora o detém* (2Tessalonicenses 2:6,7).

Muita discussão se tem levantado em torno desse assunto. O que é esse algo? Quem é esse alguém? A maioria dos estudiosos entende que o algo é a *lei* e que o alguém é *aquele que faz a lei se cumprir*. É por isso que o anticristo vai surgir no período da grande *apostasia*, quando os homens, não suportando leis, normas e absolutos, se entregarão ao homem da ilegalidade.

2. Sua total destruição (2Tessalonicenses 2:8)

Jesus venceu, está vencendo e vencerá. Jesus é aquele que era, que é e que há de vir. O nosso grande rei e Senhor virá do céu com grande poder e excelsa glória, acompanhado de um séquito poderoso de anjos e, então, matará o anticristo com o sopro da sua boca e o destruirá pela manifestação da sua vinda (2Tessalonicenses 2:8). ... [ele] *será quebrado sem esforço de mãos humanas* (Daniel 8:25). Jesus descerá dos céus não mais como servo, montado num jumentinho. Ele virá cavalgando sobre as nuvens, com clangor de trombetas, como leão de Judá, como rei dos reis e juiz de toda a terra (Mateus 24:30,31). Jesus vai tirar o domínio do anticristo para destruí-lo e consumi-lo até o fim (Daniel 7:26). O anticristo será lançado no lago de fogo que arde com enxofre (Apocalipse 19:20), o mesmo lugar onde também será lançado o diabo (Apocalipse 20:10). Nessa horrenda penitenciária perpétua do universo serão atormentados de dia e de noite, para sempre e sempre, todos aqueles que seguirem o anticristo e derem crédito às suas mentiras (2Tessalonicenses 2:10-12; Apocalipse 20:15).

Louvado seja Deus porque, em meio a essa avalanche infernal de apostasia, existem aqueles que foram selados por Deus (Apocalipse 9:4), aqueles que preferirão a morte a serem infiéis a Deus (Apocalipse 12:11), aqueles cujos nomes estão registrados no livro da vida do cordeiro (Apocalipse 13:8; 20:15). Assim, podemos agora drapejar as nossas bandeiras de retumbante vitória e erguer o hino triunfal como Paulo fez no passado:

> E, então, virá o fim, quando ele [Cristo] entregar o reino ao Deus e Pai, quando houver destruído todo principado, bem como toda potestade e poder. Porque convém que ele reine até que haja posto todos os inimigos debaixo dos pés. O último inimigo a ser destruído é a morte (1Coríntios 15:24-26).

Sim, e então a morte, o que será dela? *Então, a morte e o inferno foram lançados para dentro do lago de fogo. Esta é a segunda morte, o lago de fogo* (Apocalipse 20:14). A morte vai sofrer a segunda morte. Será o triunfo final de Cristo e do seu povo.

O destino do anticristo e de todos os que o seguirem e receberem a sua marca é a perdição eterna. Agora, pergunto-lhe: de que lado você está? Uma fé nominal não lhe servirá. Se Jesus agora não é o prazer do seu coração, se ele agora não é o seu senhor e salvador, você se dobrará diante do anticristo. Só aqueles que têm o selo de Deus e têm o seu nome escrito no livro da vida do cordeiro estão salvos e seguros.

5

RECUPERANDO O QUE O DIABO TOMOU
(1Samuel 30)

EU CREIO QUE NÃO É PRECISO ser um profundo conhecedor da psicologia humana para chegar à conclusão incontroversa de que algo de muito preocupante está acontecendo com a igreja evangélica brasileira. Quando converso com os crentes, escuto seus queixumes, perscruto o que vai no coração deles, observo como eles vivem, falam e se comportam, reconheço que, na verdade, que muitas pessoas, dentre o povo de Deus estão doentes, feridas e profundamente afetadas pelo ataque do inimigo.

Há muitas pessoas na igreja que estão sendo saqueadas, roubadas e espoliadas nestes dias pelo diabo. Ao olhar para o rosto dos crentes, você logo diagnostica o abatimento, detecta a tristeza que neles aflora e faz a leitura do pessimismo que os domina. Vejo muitos crentes com um semblante caído. Estão deprimidos, desencorajados, sem nenhuma vitalidade, sem nenhum vigor espiritual. Você observa os crentes e vê neles as marcas, os sulcos e as cicatrizes da depressão e da angústia.

Parece que a vida cristã tem perdido seu brilho, seu fulgor, sua glória e sua excelsitude. Parece que a igreja do Senhor Jesus perdeu a paixão, a visão e o entusiasmo. É que o arqui-inimigo da nossa alma tem saqueado a muitos na igreja, roubado sua alegria e espoliando seus tesouros. A igreja perdeu o deleite na oração, perdeu o prazer de meditar na palavra de dia e de noite, perdeu a visão e a paixão pelas almas perdidas, perdeu o amor profundo por Jesus e o calor da comunhão fraternal. De repente, o inimigo invadiu muitas pessoas na igreja e levou embora de sua vida seus bens preciosos.

Em geral, quando o inimigo ataca o povo de Deus, ele busca atingir cinco áreas fundamentais. Seus torpedos são programados para explodir nestas áreas básicas da nossa vida: *finanças, saúde, filhos, casamento e amizades*. Essas foram as áreas em que Satanás atacou Jó. Ele era o homem mais rico do Oriente e também o mais piedoso (Jó 1:3,8). Por isso, Satanás o acusou diante de Deus. Disse que Jó servia a Deus por interesse financeiro. Disse que ele não era um homem íntegro e sincero. ... *Porventura Jó debalde teme a Deus? Acaso não o cercaste com sebe, a ele, a sua casa e a tudo quanto tem? A obra de suas mãos abençoaste, e os seus bens se multiplicaram na terra* (Jó 1:9,10). Satanás questionou a fidelidade de Jó e desafiou a Deus: *Estende, porém, a tua mão, e toca-lhe em tudo quanto tem, e verás se não blasfema contra ti na tua face* (Jó 1:11). Deus lhe deu, então, permissão para tocar nos bens de Jó.

Disse o SENHOR a Satanás: Eis que tudo quanto ele tem está em teu poder; somente contra ele não estendas a tua mão... (Jó 1:12). Satanás usou homens (os sabeus e os caldeus), bem como os elementos da natureza (o fogo), para destruir completamente todos os bens de Jó. Ele ficou completamente empobrecido. Sofreu um colapso financeiro radical. Entrou em concordata de um dia para o outro. Decretou falência. Ficou arruinado financeiramente.

Depois desse ataque, Satanás usou um vendaval, uma tempestade, para matar todos os dez filhos de Jó de uma única vez. Satanás é cruel e assassino. Ele aproveitou um dia de festa, de alegria, de aniversário, para lançar sobre aquela piedosa família seus mísseis mortíferos. Aquele sofrido pai, depois de sofrer um golpe cruel na sua vida financeira, agora precisa levar para o cemitério seus dez filhos de uma só vez. Satanás cobre a alma de Jó com um manto de luto. Mas, a despeito desse ataque tão aterrador, Jó permaneceu fiel a Deus. Rasgou o seu manto, rapou a cabeça, lançou-se em terra, e adorou e disse: *Nu saí do ventre de minha mãe e nu voltarei; o Senhor o deu e o Senhor o tomou; bendito seja o nome do Senhor* (Jó 1:20,21). Satanás, então, disse para Deus: ... *Pele por pele, e tudo quanto o homem tem dará pela sua vida. Estende, porém, a tua mão, toca-lhe nos ossos e na carne e verás se não blasfema contra ti na tua face* (Jó 2:4,5). Satanás estava redondamente enganado ao pensar que Jó amava mais seu dinheiro, seus filhos e sua saúde do que a Deus. O Senhor permite a Satanás continuar provando Jó. Deus estava constituindo Jó seu advogado na terra. Jó não sabia disso, mas Deus estava colocando a sua própria reputação nas mãos dele. Satanás, então, coloca uma terrível enfermidade em Jó: *Então, saiu Satanás da presença do Senhor e feriu a Jó de tumores malignos, desde a planta do pé até ao alto da cabeça* (Jó 2:7). O sofrimento de Jó foi horrendo. Seu corpo ficou todo chagado. Tornou-se uma carcaça humana, uma chaga aberta, uma ferida cheia de pus. Sentou-se no meio da cinza e com um caco raspava sua pele apodrecida. Sua dor não cessava. Não conseguia comer nem dormir. Ficou magro, magérrimo, macérrimo, de couro furado pelas costelas em ponta. Era um aborto vivo, um ser asqueroso. Desejou a morte, buscou-a, mas não a encontrou.

A quarta área em que Jó experimentou ataque de Satanás foi a de seu casamento. Jó, além de sofrer perdas profundas, teve de amargar um desprezo cruel por parte das pessoas. Mas ele, naquele torvelinho de dor, naquela tempestade convulsiva de sofrimento, espera compreensão e apoio pelo menos de sua esposa. Mas ela, longe de se solidarizar com o seu marido, ao ver sua tragédia, revoltou-se contra Deus, ergueu seus punhos cerrados para o céu e aconselhou Jó a abandonar sua integridade, escorraçar Deus da sua vida e morrer. *Então, sua mulher lhe disse: Ainda conservas a tua integridade? Amaldiçoa a Deus e morre* (Jó 2:9).

A quinta área em que Jó sofreu um bombardeio do inimigo foi a das amizades. Os amigos de Jó, ao verem sua dor, ficaram penalizados. Choraram, rasgaram suas vestes e se cobriram de pó. Depois ficaram sete dias calados e mudos diante daquele espetáculo horrendo de tragédia indescritível. Contudo, quando começaram a falar, fizeram pesadas e falsas lucubrações sobre as causas do sofrimento de Jó. Acusaram-no de pecados que ele não cometera. Acusaram-no de ladrão, de adúltero, de louco, de explorador dos órfãos e das viúvas. Em vez de aliviar sua dor, colocaram mais fardos em seus ombros. Assim, em vez de serem consoladores, tornaram-se carrascos.

O que me impressiona profundamente no livro de Jó é que ninguém discerne qual é a causa de toda aquela tempestade que desabou sobre Jó e sua família. Jó fez uma leitura errada. Pensou que toda aquela tormenta era produzida pela mão de Deus e, por essa razão, ergueu ao céu a sua profunda queixa. Jó fez dezesseis perguntas para Deus e trinta e quatro queixas. Sua mulher ficou revoltada contra Deus e virou as costas para o altíssimo.

Seus amigos também interpretaram de forma distorcida as razões da aflição por que Jó passava, atribuindo o sofrimento dele aos pecados que porventura tivesse cometido. Ninguém conseguiu ver em toda aquela tragédia a mão tenebrosa de Satanás. Ninguém olhou aquela situação nessa perspectiva. Muitas vezes, hoje também, Satanás tem invadido vidas, saqueado famílias e roubado lares, deixando para trás um rastro de prejuízos, sofrimento e dor, sem que as pessoas percebam que ele é o protagonista dessas tragédias.

Vamos expor doravante o texto de 1 Samuel 30 e extrair dela algumas importantes lições:

A ESPOLIAÇÃO DO INIMIGO

O texto de 1Samuel 30 é um tipo da luta espiritual que travamos com o diabo e suas hostes. Aqui aprendemos algumas lições que merecem destaque: Davi não estava vigiando a cidade que era dele (1Samuel 27:6), por isso o inimigo veio e a saqueou (1Samuel 30:1).

Davi, mesmo depois de ser ungido rei em lugar de Saul, em vez de assumir o trono, matricula-se na escola do quebrantamento. Saul, seu sogro, possesso por um espírito maligno, cheio de ódio e ciúme, começa a persegui-lo com toda a crueldade. Para fugir da perseguição do rei louco, Davi se esconde nos desertos, nas cavernas, nas cidades. Agora, vai buscar refúgio e abrigo político fora do território de Israel, na terra dos filisteus.

Davi tornou-se homem de confiança de Aquis, rei dos filisteus. Este designou-lhe a cidade de Ziclague como sua cidade de refúgio. Então, Davi, sua família e seus homens ficaram ali, mas, nesse ínterim, Aquis reúne suas tropas para guerrear contra Israel, e Davi é convocado. Ele era o escudeiro pessoal do rei. Davi parte para a guerra para defender um rei estrangeiro e lutar contra seu próprio povo, sobre o qual já havia sido ungido rei. Nesse momento, os príncipes filisteus rejeitaram a ideia da parceria de Davi na guerra e forçaram o rei Aquis a dispensá-lo.

Ao voltar e chegar a Ziclague, Davi deparou com um quadro desolador. A cidade havia sido saqueada pelos amalequitas; fora tomada, roubada e ferida porque Davi não estava tomando conta do que era seu. Os amalequitas levaram os bens, as mulheres, os filhos e as filhas cativos.

Do mesmo modo, muitas pessoas sofrem derrotas fragorosas porque não vigiam e não tomam conta daquilo que Deus lhes deu. Muitos casamentos estão hoje desfeitos porque os cônjuges não vigiaram. Muitos namoros naufragaram no mar da impureza porque os jovens deixaram de tomar conta da honra e pureza do relacionamento.

O inimigo tem saqueado a vida de muitos crentes, levando embora a sua alegria, roubando a sua paz, tirando a harmonia do seu casamento, esvaziando a sua vida de oração. Muitas vezes o diabo tem tirado de você o gosto pelas Escrituras, matado seu desejo de evangelizar e roubado sua visão e seu entusiasmo pelas coisas de Deus. De repente, você se vê saqueado, roubado, vazio, seco como uma pedra e árido como um deserto. O que está acontecendo? É que você não está tomando conta daquilo que Deus lhe deu. Ziclague era de Davi, era a cidade de refúgio para ele, seus homens, seus filhos e suas mulheres; e a Palavra de Deus diz que Davi não estava lá, tomando conta do que era seu quando o inimigo veio para assaltar e roubar a cidade. E quando você também não vigia seu coração, quando não vela pela sua vida espiritual, quando não cuida da sua vida de oração e jejum, quando não vigia seu casamento, quando não toma conta dos seus filhos, então o diabo, sorrateiramente, perversamente, saqueia e leva embora aquilo que Deus lhe deu.

Vejamos como foi esse ataque do inimigo:

Foi implacável
... dado com ímpeto... (v. 1).

O ataque do inimigo é perverso, cruel, com fúria, com ódio. Ele não brinca, não finge. Quer destruir o povo de Deus. É ladrão e assassino. Usa arsenal pesado. Ataca com rigor desmesurado. Temos de admitir que o inimigo tem feito muitos estragos na igreja de Deus nestes dias. Quantos prejuízos na obra de Deus! Quanto escândalo! Quantos obreiros comprometidos até o pescoço com escândalos vergonhosos! Quantas famílias estão gemendo e chorando debaixo de opróbrio por causa desse ataque furioso do diabo! Quantos casamentos estão hoje acabando debaixo dessa influência maligna! Na verdade, o inimigo tem esmagado muitas pessoas, escravizado outras, oprimido e amordaçado não poucos. Ele tem jogado lama no rosto de muitas pessoas, expondo-as ao ridículo e à vergonha.

Feriu a cidade (v. 1)
Esse é um quadro doloroso da igreja de Deus nestes dias. O exército de Deus parece estar ferido. Há muitas pessoas machucadas. Há muitos soldados feridos no campo de batalha. Muita gente está com feridas abertas, com úlceras vivas, com traumas profundos, com recalques antigos, com machucaduras íntimas. Ah, quantos crentes vivem hoje feridos na alma, feridos nas emoções, feridos nos sentimentos, feridos na sua moral, feridos na sua família, feridos na igreja! Quantas chagas estão abertas na vida da igreja de Deus! Certa feita, após realizar uma palestra em um congresso, uma jovem senhora, muito extrovertida, procurou-me e disse: "O senhor está vendo este largo sorriso que trago no rosto? Pois atrás deste sorriso eu carrego uma alma ferida, um coração angustiado, uma vida emocional destroçada". Trabalhando em aconselhamento pastoral há muitos anos, tenho visto muitas pessoas aparentemente alegres, mas carregando feridas profundas: gente que foi abusada e molestada sexualmente na infância, gente que foi traída pelo cônjuge, gente que foi injustiçada por uma calúnia mordaz, gente que está sendo vítima de perseguição maldosa e injusta, gente ferida pelo diabo.

Queimou a cidade (v. 1)

Esse incidente ensina-nos duas lições: se a cidade foi queimada a fogo, em primeiro lugar ela se tornou cinza. Existem muitos filhos de Deus cujos projetos e sonhos já viraram cinza. Quantos casamentos que começaram com tantos ideais, depois de atacados e queimados pelo inimigo, só demonstram as cinzas da desesperança! Quantos projetos de vida com Deus, de restauração da alma, de empenho por ver uma igreja viva e dinâmica, crescendo em graça e em número, já viraram cinzas! Davi contempla a sua cidade coberta de opróbrio. Tudo o que ele construíra, o inimigo havia destruído. Tudo que era belo, motivo de alegria, havia sido saqueado. Seus sonhos viraram pó, seus projetos viraram cinza, seu futuro tinha se chocado num profundo desespero existencial. Seus bens, seu casamento, seus filhos, seus amigos tinham sido profundamente afetados por esse ataque implacável do inimigo. Mas esse fato também nos sugere outra lição: se a cidade estava queimada a fogo, então agora ela estava sem muros, sem portas, sem segurança, vulnerável ao ataque de outros inimigos. Existem hoje muitos crentes fragilizados, sem proteção, expostos aos ataques do inimigo. Estão sem nenhuma resistência. Não têm anticorpos, nem antídotos, nem reservas. Qualquer ataque, por menor que seja, os derruba.

Observando esse texto, encontramos outra lição muito séria: *o alvo predileto do inimigo quando ataca o povo de Deus é atingir a família* (v. 3) — *Davi e os seus homens vieram à cidade, e ei-la queimada, e suas mulheres, seus filhos e suas filhas eram levados cativos.* A família é o alvo principal do inimigo. Não há paz na cidade se a família vai mal. Não há bênção na igreja se a família está cativa. Existem muitas mulheres cativas do ressentimento, da amargura, da frieza e do ciúme. Existem muitos filhos cativos pela rebeldia. Existem muitos jovens presos pelas algemas das drogas, acorrentados pelas cadeias da impureza sexual, atados ao calabouço de uma profunda insatisfação. Existem muitos crentes que estão na igreja, mas cativos. Cantam, oram, leem a Bíblia, mas fazem a vontade do inimigo.

Quando o inimigo fere o povo de Deus e o saqueia, ele deixa não apenas as marcas indeléveis da dor, mas também uma herança maldita: a revolta e a quebra da comunhão entre as pessoas que foram atingidas pelo seu ataque (v. 6). Quando Davi chegou e viu aquela tragédia, todos, em vez de se unirem para traçar um plano de reconquista daquilo que fora roubado, se voltaram uns contra os outros. *Davi muito se angustiou, pois o povo falava de apedrejá-lo, porque todos estavam em amargura, cada um por causa de seus filhos e de suas filhas...* (v. 6). Houve conflito, murmuração, revolta e mágoas profundas. Começaram a procurar um culpado. As pessoas estavam angustiadas e, então, começaram a culpar Davi. Insurgiram-se contra ele. Ninguém assumiu a sua própria responsabilidade. Quiseram apedrejá-lo. Ainda hoje o inimigo usa essa estratégia quando ataca a família e a igreja. Ele joga uma pessoa contra a outra. Ele cria confusão, contenda e disputas acirradas para quebrar a comunhão do povo de Deus. Muitas vezes a igreja, que devia ser a comunidade do amor, da aceitação e do perdão, torna-se um campo de batalha, em que os próprios irmãos se levantam uns contra os outros, provocando profundas feridas e grandes traumas. É triste ver como têm existido, no meio do povo evangélico, tantas acusações levianas, tantas críticas amargas, tantas desavenças que conspiram contra a comunhão e o amor. Esta é uma artimanha do inimigo: além de provocar o problema, ele joga uns contra os outros. Ele procura desestabilizar a comunhão da igreja, rachando-a, dividindo-a, roubando, assim, sua harmonia e sua paz.

Sabe o que acontece mais? Veja o versículo 16: *Eis que estavam espalhados sobre toda a região, comendo, bebendo e fazendo festa por todo aquele grande despojo que tomaram da terra dos filisteus e da terra de Judá.* Há festa no arraial do inimigo quando ele saqueia o povo de Deus. Depois de provocar uma confusão, um estrago, depois de espoliar, roubar e saquear o povo de Deus, lá está o inimigo festejando essa vitória. Quando a igreja não vigia, não ora e não protege aquilo que Deus lhe confiou, o inimigo vem para fazer um estrago. Portanto, ao alcançar uma vitória sobre os filhos de Deus, o diabo promove festa. Há festa no arraial do inimigo sempre que caímos nas suas ciladas. É preciso perguntar: que tipo de crente eu sou? Estou promovendo festa no céu ou no inferno? Quem se alegra com a minha vida: Deus ou o diabo?

Há um homem de Deus no passado que teve muitas e esplêndidas vitórias em sua vida espiritual. Esse homem era Sansão. Ele era um gigante. Ele era invencível. Ele era um homem consagrado a Deus desde o seu nascimento. Ele era cheio do Espírito. Muitas vezes, foi usado com poder para desbaratar os inimigos de Israel. Ele cresceu num lar piedoso. Sua vida está eivada de prodígios maravilhosos. Ele era um nazireu. Seu voto de consagração consistia em três compromissos básicos com Deus (Números 6:1-6): ele não podia tocar em cadáver, não podia beber vinho, nem cortar o cabelo. Sansão começou a claudicar em sua vida espiritual. Não levou Deus a sério. Brincou com o pecado. Caminhou na direção da tentação e naufragou nesse mar tempestuoso. Quebrou os seus três votos de consagração. Primeiro, quando procurou delícia na imundícia (Juízes 14:8,9). Segundo, quando deu um banquete regado a vinho, porque quis seguir a moda dos moços da sua época. Caiu porque não teve peito e coragem para ser diferente (Juízes 14:10). Terceiro, quando contou seu segredo para a pessoa errada (Juízes 16:16-21).

Depois de perder a sua unção e dar-se conta de que o Espírito de Deus saíra dele, Sansão tornou-se um homem comum. Aliás, antes mesmo de cair, ele sabia que isso lhe poderia suceder: *Descobriu-lhe todo o coração e lhe disse: Nunca subiu navalha à minha cabeça, porque sou nazireu de Deus, desde o ventre de minha mãe; se vier a ser rapado, ir-se-á de mim a minha força, e me enfraquecerei e serei como qualquer outro homem* (Juízes 16:17). Sansão caiu nas mãos dos filisteus. Eles vazaram seus olhos. Abusaram dele, ultrajaram-no. Fizeram dele um espetáculo de gracejos e zombaria. Levaram-no ao templo de Dagom e davam louvores àquele abominável ídolo, porque Sansão havia caído nas mãos deles.

Quando um filho de Deus capitula diante do pecado, há festa no arraial do inimigo. Quando a igreja deixa de acertar a sua vida com Deus e dá espaço para o inimigo agir, o próprio nome de Deus é blasfemado por essa causa.

O QUE FAZER QUANDO O INIMIGO NOS ESPOLIA

A grande pergunta que devemos fazer agora é: o que fazer quando constatamos que o povo de Deus está sendo atacado, espoliado e saqueado pelo inimigo? Creio que este texto de 1Samuel 30 nos dá a resposta. Vejamos:

1. Deve haver uma reação de inconformação de todos (v. 4)

Muitas pessoas, ao serem atingidas pelos dardos inflamados do maligno e saqueadas pelos poderes das trevas, ficam anestesiadas e, aos poucos, vão conformando-se com a derrota, acostumando-se a serem perdedoras, vão aceitando passivamente a decretação do fracasso na vida. Há muitas pessoas que não reagem mais. Já se conformaram com uma vida estoica, já abraçaram a ideia de que na vida temos é de sofrer mesmo, e não existe nenhuma forma de sair debaixo desse rolo compressor. Há aqueles que acreditam num destino cego, implacável e inexorável. Gente que enfiou na mente e introjetou no coração o falso conceito de que nada pode ser mudado. Gente que está com o pescoço esfolado pela canga do inimigo e já até se domesticou, aceitando sem nenhuma resistência o aguilhão do adversário.

Muitos crentes hoje vivem como o sacerdote Eli, que, por contemporizar com os pecados dos filhos, perdeu a sensibilidade para ouvir a repreensão de Deus. Quando entendeu que Deus estava para destruir seus filhos por causa dos muitos pecados que eles levavam consigo, Eli aceitou passivamente a decretação da ruína em sua casa sem nenhuma reação. Eu esperava que Eli fosse rasgar suas vestes e se cobrir com pano de saco e cinzas, esperava que ele fosse clamar ao Senhor, pedindo-lhe misericórdia; mas Eli nada fez. Ele não reagiu. Ele se conformou com a derrota e a destruição de sua família.

2. Deve haver um choro profundo (v. 4)

Diz o texto: *Então, Davi e o povo que se achava com ele ergueram a voz e choraram, até não terem mais forças para chorar* (1Samuel 30:4). Sabe qual é o grande problema da igreja de Deus nestes dias? É que ela não vê problemas. A igreja perdeu a sensibilidade de sentir a sua própria situação. Ela está com amnésia e também insensível. Como a igreja de Laodiceia, ela se contempla e tem uma visão narcisista e distorcida de si mesma. Ela não consegue ver a sua própria crise. Ela não consegue perceber seu próprio pecado, por isso não busca a sua cura.

Se entendêssemos a nossa verdadeira situação, a primeira coisa que iríamos fazer é começar a chorar. Muitas vezes decolamos nas asas de uma alegria postiça, de um sentimentalismo vazio e deixamos de examinar mais profundamente a nossa situação. Por isso deixamos de chorar. Quantas perdas! Quantas vidas feridas! Quantos lares quebrados! Quantos crentes vivendo em pecado! Quanta ignomínia e quanto opróbrio sobre a noiva do cordeiro! E o que estamos fazendo? Chorando? Não, muitos estão festejando mesmo quando estão perdendo de goleada para o adversário. Temos nós chorado pela atual situação da igreja? Temos uma igreja que cresce, mas não amadurece.

Temos muitos crentes, mas poucos comprometidos com os valores e com a ética do reino. Temos templos lotados aos domingos, mas crentes que fazem trapaças, mentem, burlam as leis, sonegam, corrompem e são corrompidos de segunda a sábado. Temos nos afligido ao ver a frieza, o mundanismo, o farisaísmo, o legalismo, a apatia e a esterilidade dominando a vida dos crentes? Temos chorado ao ver muitos deixando de lado o manancial de águas vivas e correndo atrás de cisternas rotas? Temos chorado ao ver muitos crentes correndo atrás de milagres, de sinais, de sonhos, revelações, visões e experiências místicas e deixado de lado a verdade inerrante e infalível das Escrituras? Temos chorado ao ver a igreja evangélica brasileira abraçando um misticismo pagão, formando um exército de crentes supersticiosos e imaturos? Temos chorado ao ver os prejuízos que o inimigo tem causado em nossos arraiais?

Quando Davi chegou a Ziclague e viu aquele cenário sombrio, começou a chorar. Ele não chorou de portas trancadas ou dentro de quatro paredes numa noite de vigília. Ele chorou no meio da rua, para todo mundo ver. Seu choro foi público. Ele rasgou seu coração diante de Deus e expôs a sua inconformação diante das pessoas. Quando Neemias recebeu a notícia da ruína de Jerusalém, também chorou. Quem chora está dizendo que não se conforma passivamente com a situação. Quando Jesus viu a impenitente Jerusalém, ele chorou. O nosso choro tem sido profundo? Tem sido público? Às vezes nós até choramos, mas choramos para dentro, choramos escondidos. Temos vergonha de chorar publicamente, não temos coragem de admitir publicamente que algo está errado com a igreja. Davi admitiu publicamente que o inimigo havia saqueado sua família, seus bens e o lar de seus homens. Por isso ele chorou até não ter mais forças para chorar. Os nossos olhos têm andado enxutos demais. Temos perdido a sensibilidade. Algumas pessoas até acham estranho a manifestação da emotividade. Acham que não há espaço para ela no meio da igreja. Mas não é isso que aprendemos na Palavra de Deus. Certa ocasião, os evangelistas do Exército de Salvação enviaram cartas para William Booth dizendo-lhe que já haviam experimentado todos os métodos evangelísticos no campo missionário e ainda não haviam tido nenhum resultado. Estavam desanimados e queriam retornar. Então Booth escreveu-lhes laconicamente: "Experimentem chorar". Aqueles evangelistas colocaram a boca no pó. Humilharam-se diante de Deus. Choraram pelos seus próprios pecados antes de chorar pelos pecadores perdidos. Não tardou, e um glorioso avivamento surgiu naquele campo; centenas de pessoas foram salvas.

3. Deve haver uma profunda angústia com a situação da perda (v. 6)

Davi estava angustiado. Seu lar fora atacado. Suas mulheres haviam sido levadas cativas. Seus filhos estavam nas mãos do inimigo. Seu casamento tinha sido profundamente afetado. Quem sabe, leitor, sua família também venha sendo alvo desse ataque implacável do inimigo. Quem sabe o diabo também esteja saqueando seu casamento. Quem sabe seu cônjuge esteja escapulindo de suas mãos.

Não aceite que o inimigo leve embora o que é seu. Não abra mão do que Deus já lhe deu. Existe um momento em que é necessário nos angustiarmos. Não estou falando daquela angústia patológica, doentia, fruto da incredulidade. Estou falando da angústia que é resultado da inconformação com o caos. Estou falando daquele sentimento de quem não se deixa insensibilizar com as perdas sofridas pelo assalto do inimigo. É triste ver que muitas pessoas que deveriam estar chorando estão rindo, mesmo sofrendo perdas tão significativas.

Se olharmos para a situação da igreja, deveremos também nos angustiar. Segundo o Instituto Moody, 95% dos crentes nunca levaram uma alma a Jesus, nunca geraram um filho espiritual, são ramos infrutíferos da Videira, são membros inoperantes no corpo, são crentes estéreis. Se esse fenômeno fosse biológico, a raça humana estaria em risco de extinção. O pior, entretanto, é que isso não nos angustia mais. Achamos isso normal. Contentamo-nos em apenas ser membros de uma igreja. Satisfazemo-nos em frequentar os cultos da igreja e em sermos comportados espectadores dos cultos. Certamente, deveríamos estar angustiados pela nossa falta de angústia com essas coisas.

4. Devemos nos reanimar em Deus (v. 6)

Davi tinha seiscentos homens. Todos estavam alvoroçados. Todos estavam angustiados e revoltados. Todos estavam querendo apedrejar Davi. O líder, longe de encontrar sustentação nessa hora de dor, vê toda a sua congregação se voltar contra ele. A situação é caótica. Parece que o mundo desaba sobre a cabeça de Davi. Além da terrível perda, agora ele enfrenta uma conspiração por parte dos seus aliados. Naquela congregação o clima era de guerra. Havia ódio e amargura em cada coração. Havia desespero e muita revolta. Todos estavam extremamente abatidos. Ninguém ousou erguer a cabeça e sacudir a poeira. Todos estavam abalados pela tragédia. Foi nesse momento de crise e de desilusão que o líder fez a diferença. Foi nessa hora de fracasso que Davi ousou olhar não para a borrasca que o açoitava, não para a tempestade ameaçadora que conspirava contra ele, mas para Deus, acima e além das circunstâncias. Diz o versículo 6:

... *porém Davi se reanimou no* Senhor, *seu Deus.*

Veja que ele não se reanimou por causa da situação. Ela continuava sombria e catastrófica. Davi não se reanimou baseado na sua força. Davi não se reanimou confiado nos seus homens. Eles estavam contra ele. Davi não se reanimou por causa da vulnerabilidade do inimigo. Davi, na hora da crise, cravejou seus olhos em Deus. Ele olhou para cima. Ele não se deu por vencido. Ele não aceitou passivamente a decretação da derrota em sua família. Ele reagiu. Ele reagiu no Senhor, seu Deus. Ele não apelou para outros expedientes. Ele não foi buscar ajuda em outras fontes. Ele não se desesperou a ponto de transigir com seus valores ou negar sua fidelidade a Deus. Davi, na hora da crise, não ficou magoado nem decepcionado com Deus. Não viu Deus como causador da sua tragédia. Não viu Deus como carrasco, mas como refúgio na hora da tribulação. Davi compreendeu que o Deus que fez milagres ontem é o mesmo Deus do hoje. O Deus que abriu o mar Vermelho, fez a água brotar da rocha, fez cair pão do céu e fez a vara seca de Arão florescer pode realizar o impossível. Davi compreendeu que Deus podia reverter aquela situação. Ele acreditou que Deus podia restaurar seu lar, libertar seus filhos e restituir-lhe o que o inimigo havia roubado. Por isso Davi se reanimou. Existem muitas pessoas hoje que não acreditam mais na restauração do seu casamento, não investem mais na libertação dos seus filhos, não mais oram pela conversão de seu cônjuge. Existem muitos soldados de Deus que já baixaram as armas e já desistiram da luta. Há muitos que não ousam mais crer que Deus possa intervir. Estão incrédulos, céticos, já não regem mais, já se deram por vencidos.

Uma das histórias que mais comoveram meu coração foi a da missionária Sara. Seu pai era um judeu rico, intelectual, porém ateu. Aquele homem, não suportando o tédio da vida, estourou os miolos com um tiro. Deixou sua filha, com 9 anos, amante do conhecimento, mas muito sedenta de Deus. Aquela tenra mocinha desejou ardentemente conhecer a Deus. Procurou-o no sacramento do batismo. No dia em que foi batizada por um padre, ficou muito desiludida, pois não encontrou Deus no batismo. Então, ingressou no Salão do Reino, nas Testemunhas de Jeová, fez cursos, vendeu literatura, mas não encontrou Deus ali. Foi para o espiritismo. Estudou os livros de Alan Kardec, percorreu os corredores da filosofia reencarnacionista, mas ali também não encontrou Deus. Já desiludida, mergulhou nas águas turvas do candomblé. Foi para o terreiro, desenvolveu sua mediunidade, fez despachos nos cemitérios e muitos pactos com os demônios.

À medida que o tempo passava, ela ia colhendo a desilusão e a frustração de não encontrar Deus e não sentir paz na sua alma. Então, aos 14 anos de idade, ela pensou: minha única saída é dar um tiro na cabeça como o meu pai e acabar com essa vida sem sentido. Nesse ínterim, recebeu um convite de uma amiga do colégio para participar de uma série de conferências evangelísticas em sua igreja. Ela foi. Na primeira noite, achou o culto enfadonho e cansativo. Pensou que no dia seguinte poderia melhorar e voltou. Mas para ela o culto foi pior ainda. Como só faltava um dia para terminar, voltou no terceiro dia. Enquanto o coral cantava, o Espírito de Deus tocou em seu coração, e ela foi convertida a Jesus. Sua alma foi inundada por uma doce paz. Ela regozijou-se profusamente e consagrou sua vida ao Senhor para servi-lo. Mas a partir desse dia começou em sua vida uma grande batalha. Sua mãe era umbandista e começou a fazer pressão para que ela abandonasse sua fé e deixasse a igreja evangélica. No afã de ver a filha desertando das fileiras de Jesus, rasgava suas Bíblias, queimava seus livros evangélicos, mas Sara permanecia firme e fiel a Cristo.

Aos 18 anos, por pressão da mãe, saiu de casa. Então começou a clamar a Deus pedindo-lhe um marido crente, cheio do Espírito Santo. Deus ouviu a sua oração, e ela se casou com um missionário. Ambos trabalhavam com alegria na obra do Senhor. Tiveram dois lindos filhos. Sara era feliz. Seu lar era uma bênção. A igreja prosperava e crescia. Certo dia, porém, o marido de Sara chegou para ela e lhe disse: "Sara, eu estou indo embora. Arranjei outra mulher. Estou deixando você, meus filhos, o ministério e a igreja. Vou experimentar essa aventura".

Sara ficou chocada e transtornada com aquela abrupta notícia. Vieram os "amigos de Jó", que lhe diziam: "Sara, não chore por esse homem. Ele não a merece. Você é uma mulher jovem, bonita, inteligente. Refaça sua vida com outro homem". Mas Sara sempre respondia: "Eu não posso conformar-me com essa situação. Esse marido foi fruto de oração. Foi Deus quem me deu esse esposo". Mas quanto mais Sara chorava, mais a situação ia ficando insustentável. Era um sábado à noite, e ela chorava muito. Na quarta-feira seguinte, seria a última audiência para o divórcio. Aquela pobre mulher estava com os olhos vermelhos de tanto chorar. Ela estava desolada.

De repente, seu coração se agitou e um pensamento borbulhou em sua mente: "E se essa tragédia que se abateu sobre o meu casamento, destroçando o meu lar, for obra do diabo? Eu nunca declarei guerra contra ele nesse assunto", disse Sara num profundo solilóquio. Nesse exato momento, Sara se pôs de pé, enxugou suas lágrimas e fez uma declaração ousada. Disse: "Deus, eu sei que tu me ouves juntamente com todos os teus anjos. Sei também que o diabo e suas hostes me estão ouvindo. Agora, Senhor eu quero declarar na tua presença que eu sou de Jesus, pois fui comprada e lavada no sangue do cordeiro. Quero declarar que o meu marido é de Jesus, pois foi comprado e lavado no sangue do cordeiro. Quero declarar que os meus filhos são de Jesus, pois foram lavados e comprados no sangue do cordeiro. Quero ainda declarar que o meu casamento foi feito na presença de Jesus e para a glória de Jesus. Por isso, ó Deus soberano, eu peço a ti que tu desfaças toda a trama do diabo armada contra mim, para destruir o meu casamento. Rogo a ti, Senhor, que todos os laços do inferno que foram colocados para destruir minha família sejam desfeitos agora, pelo poder que há no nome de Jesus".

Naquela noite Sara foi dormir, e dormiu. De manhã bem cedo, ao preparar o café e aprontar as crianças para irem à igreja, logo deparou com uma carta debaixo da porta da cozinha. Abriu-se sofregamente. Era do seu marido. Ele dizia na carta: "Sara, ontem à noite [no horário em que Sara fizera a referida declaração], algo estranho aconteceu comigo. Estava em casa, quando de repente senti que escamas caíram dos meus olhos, senti que meu coração se estremeceu em meu peito e percebi que estava anestesiado, cego, embrutecido. Sara, eu estou arrependido. Estou envergonhado. Eu preciso do seu perdão. Eu quero voltar para casa. Eu quero restaurar o nosso casamento, o nosso lar. Eu quero reconciliar-me com Deus e com a igreja. Eu quero ser um pastor cheio do Espírito Santo". Naquela manhã de domingo, Deus restaurou o casamento de Sara. Ela tomou de volta o que o diabo havia roubado da sua vida.

5. Devemos buscar a Deus em oração (v. 8)

Davi não reagiu com bravatas humanas, ele reagiu e buscou a Deus em oração. Diz o texto: *Então, consultou Davi ao* SENHOR... (v. 8). Davi não age pela sua própria cabeça. Ele busca a direção de Deus. Ele ora, clama, não se acomoda. Temos buscado a face de Deus?

Temos orado pela solução dos problemas que afligem nossa família e nossa igreja? Pais, vocês têm orado com seus filhos e pelos seus filhos? Marido, você tem orado com sua esposa e pela sua esposa? Esposa, você tem orado pelo seu marido?

Veja no versículo 8 o que Davi pediu a Deus: ... *Perseguirei eu o bando? Alcançá-lo-ei?...* Davi estava dizendo para Deus: "Senhor, nós estamos sofrendo uma grande baixa, uma vergonhosa derrota. O inimigo tem levado vantagem sobre nós. O que vamos fazer? Vamos nos dar por vencidos? Vamos ficar parados ou vamos reconquistar aquilo que o inimigo nos roubou? Ah, Deus, será que terei de me conformar com essa tragédia, será que passarei o resto da vida lamentando e chorando essa amarga derrota?" Sabe qual foi a resposta de Deus para Davi? ... *Respondeu-lhe o* Senhor: *Persegue-o, porque, de fato, o alcançarás e tudo libertarás* (v. 8). Deus disse a Davi: "Persegue o inimigo, vai ao encalço dele, porque tudo o que ele levou da tua vida, tu irás trazer de volta". O que é que o diabo levou embora da sua vida? Foi a sua alegria, o seu fervor, o seu ardor evangelístico e sua comunhão com os irmãos? O que é que o diabo roubou da sua vida: foi a alegria do seu casamento, a comunhão do seu lar, a harmonia da sua casa? O que é que o inimigo saqueou em sua casa: foram os seus bens, os seus negócios, a sua empresa? Observe que Deus lhe dá uma gloriosa promessa: *Tudo* que o inimigo espoliou de você, da sua família, da sua igreja, você vai reconquistar.

6. Devemos agir com base na promessa de Deus (v. 9)

É hora de agirmos baseados na promessa de Deus. Se temos as promessas de Deus, se Deus zela pelo cumprimento da sua palavra, se as suas promessas são fiéis e verdadeiras, se em todas elas nós temos o sim e o amém, então importa agir sem detença com base nessas promessas. Ninguém pode deter um homem quando ele está consciente de que está fazendo a vontade de Deus. Quando você tem consciência de que Deus lhe deu uma promessa, você se reanima, se fortalece e se dispõe a enfrentar qualquer inimigo. Você parte para a batalha como um vencedor, desfraldando antecipadamente a bandeira da vitória. *Partiu, pois, Davi, ele e os seiscentos homens que com ele se achavam...* (v. 9).

Agora preste atenção: Deus nos promete vitória, e não ausência de luta. A vitória vem de Deus, mas a luta nós é que a travamos. Diz o versículo 9 que, quando Davi saiu à peleja com seus seiscentos homens, duzentos ficaram para trás, desanimados e exaustos no meio do caminho. Muitos fraquejarão nessa guerra e ficarão com os joelhos trôpegos e com as mãos decaídas. Mas se você recebeu essa promessa de Deus, vá em frente, lute, terce a adaga do Espírito, maneje as armas espirituais, pois elas são poderosas em Deus para destruir fortalezas. Não deixe que o cansaço o vença. Não deixe que o desânimo o esmague. A luta verdadeiramente é árdua. Só os fortes, só os bravos, só os corajosos, só os que ousam confiar em Deus perseverarão até o final. Avance, portanto, em nome de Jesus para despojar e saquear o arraial do inimigo, para tomar de volta o que pertence a você. Não olhe para trás. Ainda que alguém o critique, ainda que alguém se oponha a você, ainda que o inferno levante toda a sua corja contra você, prossiga até a vitória final, pois você foi *marcado para vencer*.

7. Devemos retomar tudo o que o inimigo levou da nossa vida (v. 17-20)

Lemos no versículo 17 que Davi feriu o inimigo e o venceu. No 18, Davi retoma seus bens que foram saqueados, bem como suas esposas que estavam cativas. No 19, Davi reconquista seus filhos e suas filhas que estavam no cativeiro do inimigo e, no 20, ainda toma despojos. Agora, preste atenção ao fato de que Davi salvou *tudo* quanto haviam tomado os amalequitas:

> *Não lhes faltou coisa alguma, nem pequena nem grande, nem os filhos, nem as filhas, nem o despojo, nada do que lhes haviam tomado: tudo Davi tornou a trazer* (v. 19).

Davi não aceitou uma vitória parcial. Ele agiu como Moisés na terra do Egito, quando disse para o faraó: "Nem uma unha ficará no Egito". Observe que Davi trouxe despojos. A vitória de Davi foi maior do que o roubo do inimigo. O diabo planeja saquear-nos, mas Deus converte seu ataque em bênção para nós.

Concluindo, voltemos ao início, quando falamos sobre as cinco áreas da vida de Jó que Satanás atacou. Ele queria destruir Jó e jogá-lo contra Deus. Mas tudo que Satanás conseguiu foi colocar Jó mais perto de Deus. Quanto ao que Satanás espoliou de Jó, Deus deu a ele em dobro. Deus restaurou os bens de Jó, sua saúde, seu casamento, seus amigos, além de lhe dar mais dez lindos filhos. O que Satanás intentou de mal, Deus converteu em bênção. Não devemos querer nada que não venha das mãos de Deus, mas devemos querer tudo o que Deus tem para nós. Não se contente com menos do que isso. Você foi *marcado para vencer*!

CONCLUSÃO

Chegamos ao fim de mais esta jornada. Espero que você tenha saído destas páginas mais fortalecido e mais cheio de vigor. Meu propósito é que você se engaje, como bom soldado de Cristo, nesta peleja, não como um guerreiro desatento e despreparado, mas como alguém que sabe manejar com perícia as armas espirituais e conquistar grandes vitórias para Deus.

A igreja precisa ser um exército em que cada crente seja um bravo lutador. Um exército que não se intimide com as ameaças do inimigo, não se encante com as suas ofertas mirabolantes nem se deixe seduzir pelas suas propostas mentirosas. Precisamos...

- Conhecer e tomar posse da vitória consumada de Cristo sobre o diabo.
- Apropriar-nos do significado profundo e das consequências eternas da nossa redenção.
- Saber quem somos em Cristo e o que temos nele.
- Conhecer e experimentar a suprema grandeza do poder de Deus que está à nossa disposição.

- Usufruir os resultados práticos do fato de estarmos identificados com Cristo na sua morte e ressurreição.
- Aquietar a alma e fazer sossegar o coração com a verdade incontroversa de que estamos assentados com Cristo nas regiões celestes acima de todo principado e potestade.
- Tomar posse do glorioso fato de que fomos justificados por meio do sangue do cordeiro de Deus e de que, agora, já não há nenhuma condenação para nós. Não há mais nenhuma base legal para o inimigo nos acusar diante de Deus, pois foi ele quem nos justificou. Foi Cristo, seu Filho, quem morreu por nós e pagou a nossa dívida. Agora estamos livres, eternamente livres de condenação.

A despeito dessas verdades, porém, a luta existe, a batalha é intérmina e sem trégua. O inimigo não dorme. Mesmo sabendo que sua derrota é fatal e que lhe resta pouco tempo de luta, ele ainda tem a capacidade de provocar muitos estragos, se não vigiarmos e não lutarmos segundo as normas.

Creio que a igreja evangélica brasileira está precisando urgentemente de um revestimento do poder de Deus. Não podemos entrar nessa guerra confiados em nossa própria força ou estribados em nossas próprias estratégias. O nosso inimigo é supraterreno, perigosíssimo, astuto e cheio de cólera. Muitos crentes, por entrarem nesta renhida pugna despercebidos, têm sido bombardeados e derrotados. Outros têm saído do campo feridos e traumatizados. Não poucos se revelam impotentes e até mesmo desesperados, com medo do diabo. Outros, ainda, caem nas malhas de um misticismo sem fronteiras, vendo demônios por todo lado, passando o tempo todo repreendendo e amarrando esses seres malignos nas regiões celestes, enquanto esses mesmos agentes do inferno estão usando armas mais sutis, para provocar grandes tragédias na concretude histórica em que esses guerreiros espirituais vivem. Não podemos cair nessa armadilha de ficar o tempo todo correndo atrás dos demônios. Não podemos fazer do diabo o centro da nossa pregação. Não podemos mergulhar a nossa alma nas águas turvas desse misticismo. Não podemos permitir que o diabo nos distraia com esses assuntos. Não podemos perder o equilíbrio nessa matéria.

Somos chamados para andar com Deus. Somos convocados para viver na intimidade de Jesus. Somos vocacionados para pregar o evangelho da cruz. Somos equipados para lutar contra os principados e potestades e vencê-los. Engrossamos as fileiras daqueles que empunham o lábaro vitorioso e tremulante do rei dos reis. Somos coparticipantes e herdeiros da mais estupenda e cósmica vitória de Deus sobre o diabo e suas hostes.

A vitória não é dos fortes nem dos poderosos deste século. A vitória última e final é do cordeiro de Deus e da sua igreja. Alegremo-nos por isso. Somos o povo *marcado para vencer*. Aleluia! Amém!

Sua opinião é importante para nós.
Por gentileza, envie-nos seus comentários pelo e-mail:

editorial@hagnos.com.br

Visite nosso site:

www.hagnos.com.br